珞/珈/广/告/学/丛/书　　LUOJIA BOOK SERIES OF ADVERTISING

丛书主编　张金海　　丛书副主编　姚曦　周茂君　程明

# 广告媒体

第二版

## Advertising Media

夏琼　编著

武汉大学出版社

**图书在版编目(CIP)数据**

广告媒体/夏琼编著.—2 版.—武汉：武汉大学出版社,2013.3
(2019.12重印)
珞珈广告学丛书/张金海主编
ISBN 978-7-307-10523-2

Ⅰ.广… Ⅱ.夏… Ⅲ.广告—媒体—教材 Ⅳ.F713.8

中国版本图书馆 CIP 数据核字(2013)第 039116 号

责任编辑:高 璐 责任校对:王 建 版式设计:马 佳

出版发行:**武汉大学出版社** (430072 武昌 珞珈山)
(电子邮箱：cbs22@whu.edu.cn 网址：www.wdp.com.cn)
印刷:湖北金海印务有限公司
开本:720×1000 1/16 印张:11.5 字数:226 千字
版次:2002 年 10 第 1 版 2013 年 3 月第 2 版
 2019 年 12 月第 2 版第 5 次印刷
ISBN 978-7-307-10523-2/F·1753 定价:24.00 元

# 修 订 版 序

1996年，"珞珈广告学丛书"第一版面世，迄今已逾一纪。

十二年来，中国广告业持续高速发展。2007年中国广告市场规模已跃居全球第五，并拥有超过100万的广告从业大军。

与此同时，中国的广告高等教育，到目前为止，已增至300多个本科专业教学点，几乎占有新闻传播学科高等教育的半壁江山，并已建构起包括专科、本科、硕士生教育、博士生教育、博士后流动站在内的完整的高等教育体系。

言及广告，这些都令我们无比欣喜、鼓舞和感动。正是数以百万计的广告从业者和广告教育工作者不息的努力，才使得中国广告业与中国的广告教育获至如此巨大的成就。

我常在课堂告诫我的学生，既然你选择了广告，就不用在意别人的歧视，歧视广告者，也许是出于对广告的无知，当然，我们也没有妄自尊大的资本，我们的产业并不强大，我们的学科依然弱小，要紧的是，踏踏实实做好自己该做的事。

十多年来，我们努力从事着广告教育，并努力构筑着广告的学科平台。学科平台的搭建，是为了使专业的发展有更大的空间，然而，我们任何时候都牢记着，专业永远是学科发展的基础，这个基础就是我们的本科教育。"珞珈广告学丛书"的编纂出版，便是我们为夯实专业基础在教材建设方面所做出的一种努力。

"珞珈广告学丛书"第一版有五种书目：《广告概论》、《广告策划》、《广告经营学》、《广告管理学》与《广告美学》。值得庆幸的是，出版后即广受兄弟高校的欢迎，国内几十所高校选用为教材，出版社不得不一次又一次重印。

教材建设永远是一个动态的过程。时至新世纪初，新的问题发生了：随着广告业的发展，部分教材内容亟需更新；原定五种书目，广告学专业主干课程涵盖太窄。于是，与出版社共同商议，于2002年启动第二版的修订工作。再版修订，在原有五种书目的基础上，增加了四种：《广告文案写作》、《广告媒体》、《广告创意与表现》，以及《平面广告设计》，但在教材内容的更新上仍留下诸多遗憾。

时间一晃又过去六年，再版修订未能解决的问题依然积累着，广告业的最新发展已使教材内容的更新刻不容缓。尽管手头有很多事要做，但我们还是下决心进行第三版的修订。

此次修订，又增加了四种书目：《广告心理学》、《广告调查》、《广播电视广告》和《网络广告》，于广告学专业的主干课程有了更广泛的涵盖。但此次修订的重心，则安放在教材的内容和体例上。

高等教育有其自身特定的规律，这是教材编写必须服从的。一方面，各门教材中有一部分基础性的内容往往具有一定的恒定性，正是这部分内容构成学科的基础，除非这门学科发生根本性的颠覆。另一方面，就是前沿性问题，教材内容必须反映现实的前沿性发展，否则就会被淘汰。因此，此次丛书的修订，我们思考的一个重要问题就是，如何实现教材基础性内容与前沿性内容较好的结合。我们的着力点是，进一步提炼教材的基础性内容，使之更为科学化和规范化，而将前沿性内容融入基础性内容的框架系统中。

在体例上，我们将以章为单位，增加"重点提示"、"本章小结"以及"思考题"，以使学生对各章内容有一个总体把握，并在此基础上引发其扩散性思维。至于"案例"则不作统一要求，可以单列，也可以穿插于教材内容之中。

一纪十二年也许不算太长，但一个人的有效人生，算起来顶多三个一纪而已。丛书面世十二年，六年修订一次，在时间上也许只是一个巧合，但冥冥之中却透显着某种规律，教材建设的动态性，似乎自当如是。

十二年过去了，丛书的编纂者中当初的年轻人现已长成中年，成为支撑武汉大学广告学专业的骨干。当年的中年人虽尚未垂垂老矣，却已届暮年。长江后浪推前浪，历史的规律就是这样不以任何人的意志为转移地在这里演化着。我进而想到，当年接触过阅读过"珞珈广告学丛书"的学子，十二年后的今天是何种生活状态？我为你们祈祷祝福。我坚信，用不着再过十二年，那一批青年才俊将长成参天大树，支撑起中国广告业那一片高远的蓝天。

是为序。

张金海

2008 年 8 月于武昌珞珈山

# 目 录

第一章　　　　　　　1
广告媒体概说　　　　1

　　　　　　　　　3
　　　　　　　　　4
　　　　　　　　　6

　　　　　　　　　7

　　　　　　　　　7

　　　　　　　　13

第二章　　　　　　15
广告媒体的分类　　15

　　　　　　　　15
　　　　　　　　16
　　　　　　　　16
　　　　　　　　16
　　　　　　　　16
　　　　　　　　16
　　　　　　　　17

　　　　　　　　17
　　　　　　　　18
　　　　　　　　18
　　　　　　　　19
　　　　　　　　20
　　　　　　　　20
　　　　　　　　20

第一节　广告媒体及相关概念
一、广告媒体定义
二、广告客户与广告媒体
三、广告公司与广告媒体
四、媒体广告组织
第二节　寻找新广告媒体的原则
一、发现与寻找全新的广告信息载体
二、对传统媒体加以改造利用，推陈出新

第一节　广告媒体的分类
一、按广告媒体功能分类
二、按广告媒体表现形式分类
三、按广告媒体的影响范围分类
四、按广告媒体受众的接受类型分类
五、按广告媒体传播信息的时间分类
六、按广告媒体的统计程度分类
七、按广告媒体传播内容分类
八、按广告媒体与广告主的关系分类
第二节　各类广告媒体的功能与作用
一、印刷媒体和电信媒体
二、视觉媒体、听觉媒体和视听两用媒体
三、国际性媒体、全国性媒体和地区性媒体
四、瞬间性媒体、短期性媒体和长期性媒体
五、大众化媒体和专业性媒体
六、间接媒体和专用媒体

21 第三节 广告媒体的新发展

21 一、大众传媒以外的广告宣传

24 二、广告向空中发展

25 三、各种电话步入广告媒体

25 四、广告媒体技术的多样化

26 五、新媒体广告潜力无限

第三章 31 第一节 五大广告媒体的特点
广告媒体的特点
31 一、报纸媒体

33 二、杂志媒体

34 三、广播媒体

36 四、电视媒体

38 五、互联网媒体

43 第二节 其他各类广告媒体的特点

43 一、户外广告

46 二、DM——直接邮寄广告

46 三、交通广告

47 四、包装广告

47 五、样本广告

48 六、展览广告

48 七、空中广告

49 八、招贴广告

50 九、日历广告

50 十、立体广告

50 十一、电影广告

50 十二、电话广告

51 十三、赠品广告

51 十四、手机广告

52 十五、数字电视广告

第四章 53 第一节 广告媒体的综合评价指标
广告媒体的评价指标
53 一、综合评价的意义

53 二、权威性及影响力

54 三、覆盖域

54 四、重复率

| 55 | 五、触及率 |
| 55 | 六、毛感点 |
| 55 | 七、累积视听人数 |
| 56 | 八、连续性 |
| 56 | 九、针对性 |
| 57 | 十、效益效果 |
| 58 | **第二节　电波媒体的评价指标** |
| 58 | 一、收视（听）率 |
| 58 | 二、开机率 |
| 59 | 三、毛评点 |
| 60 | 四、视（听）众暴露度 |
| 61 | 五、电视媒体评估方法 |
| 63 | 六、收视资讯的运用 |
| 69 | 七、网络媒体评估的基本指标 |
| 70 | 八、网络媒体评估方法 |
| 71 | **第三节　印刷媒体的评价指标** |
| 71 | 一、发行数字是广告活动的重要依据 |
| 72 | 二、印刷媒体评估的基本指标 |
| 74 | 三、广告业呼唤发行核查机构 |
| 75 | **第四节　户外媒体评估** |
| **第五章**<br>**广告媒体的成本概论** | |
| 79 | **第一节　广告媒体的成本计算** |
| 79 | 一、每千人成本 |
| 80 | 二、视听率每点成本 |
| 80 | 三、视（听）众组成 |
| 81 | 四、报纸读者数 |
| 81 | 五、刊物读者数 |
| 82 | 六、到达率、暴露频次与毛评点 |
| 83 | 七、测试与评估 |
| 84 | **第二节　五大媒体的广告费用计算** |
| 84 | 一、报纸广告费用计算 |
| 84 | 二、杂志广告费用计算 |
| 85 | 三、电视媒体广告费用计算 |
| 85 | 四、广播电台媒体广告费用预算 |
| 85 | 五、互联网媒体广告 |

第六章　　　　　　 87　第一节　必要的资讯
媒体目标　　　　 87　一、公司及产品
　　　　　　　　　 88　二、市场分析
　　　　　　　　　 89　三、行销政策
　　　　　　　　　 90　四、过去的广告
　　　　　　　　　 90　五、内外限制
　　　　　　　　　 91　六、竞争对手
　　　　　　　　　 91　七、背景资料
　　　　　　　　　 92　第二节　目标阶层的设定
　　　　　　　　　 92　一、消费者结构分析
　　　　　　　　　 93　二、品类购买风险分析
　　　　　　　　　 94　三、意见领袖与经销专业人员
　　　　　　　　　 95　四、重级消费者、中级消费者与轻级消费者
　　　　　　　　　 95　五、消费者的统计变项
　　　　　　　　　 97　六、目标阶层统计变项分析
　　　　　　　　　 97　七、根据统计变项设定目标对象
　　　　　　　　　 99　八、根据统计变项确定目标对象的优先顺序
　　　　　　　　　101　九、目标对象心理变项分析

第七章　　　　　　104　第一节　媒体选择概况
媒体选择　　　　 104　一、媒体选择意义
　　　　　　　　　105　二、影响媒体选择的因素
　　　　　　　　　106　第二节　媒体选择的原则
　　　　　　　　　106　一、媒体选择的基本原则
　　　　　　　　　108　二、媒体选择中应注意的问题
　　　　　　　　　110　第三节　媒体选择的程序与方法
　　　　　　　　　110　一、媒体选择的程序
　　　　　　　　　111　二、媒体选择的具体方法
　　　　　　　　　113　第四节　不同类型的媒体选择
　　　　　　　　　114　一、电视媒体的选择
　　　　　　　　　114　二、报纸媒体选择
　　　　　　　　　115　三、广播媒体的选择
　　　　　　　　　116　四、户内外媒体的选择
　　　　　　　　　116　五、杂志媒体的选择
　　　　　　　　　117　六、POP 媒体的选择
　　　　　　　　　117　七、焦点媒体的选择
　　　　　　　　　118　八、网络媒体的选择

| | | |
|---|---|---|
| 第八章 | 120 | 第一节　媒体组合的概况 |
| 媒 体 组 合 | 120 | 一、媒体组合的一般状况 |
| | 123 | 二、媒体组合的条件 |
| | 125 | 三、媒体组合的优势 |
| | 126 | 第二节　媒体组合运用战略 |
| | 126 | 一、单个媒体运用战略 |
| | 126 | 二、媒体组合运用战略 |
| | 127 | 三、最佳媒体组合 |
| | 129 | 第三节　媒体组合的控制与评估 |
| | 129 | 一、时间控制 |
| | 129 | 二、费用控制 |
| | 130 | 三、组合效果评估 |
| 第九章 | 131 | 第一节　媒体计划的内容 |
| 媒 体 计 划 | 131 | 一、媒体计划的各个组成部分 |
| | 132 | 二、能够对媒体计划施以影响的各种因素 |
| | 134 | 第二节　媒体计划实施策略 |
| | 137 | 第三节　媒体技巧的运用 |
| | 137 | 一、稳定排期法 |
| | 137 | 二、选择排期法 |
| | 138 | 三、脉动排期法 |
| | 138 | 四、季节排期法 |
| | 138 | 五、逐步递增排期法 |
| | 139 | 六、逐步递减排期法 |
| | 140 | 第四节　确定有效暴露频次 |
| 第十章 | 144 | 第一节　适当预算的必要性 |
| 媒 体 预 算 | 145 | 一、制定预算的方法 |
| | 147 | 二、广告分配 |
| | 149 | 三、长期广告预算 |
| | 150 | 第二节　媒体预算的制定 |
| | 150 | 一、广告投资销售与利润的关系 |
| | 150 | 二、媒体预算制定的角度 |
| | 151 | 三、制定媒体预算的方法 |

**附录一** 157
媒体专有名词解释

**附录二** 163
十大产品媒体广告投放调查

**附录三** 169
1998 年合资广告公司营业
情况统计

**主要参考书目** 171

# 第一章　广告媒体概说

广告媒体是动态的，并永远在改变中。

媒体通路天天都在变化，不断有新的报纸杂志出版，广播与电视为满足受众不断变化的需求而频频改版、设置新栏目。而当今可以用来发布广告的媒体更如繁星般让人眼花缭乱，且不断有人推陈出新，创造出全新的广告媒体。面对如此纷繁复杂、变幻莫测的广告媒体世界，我们首先要弄清楚的第一个问题是：什么是广告媒体。

## 第一节　广告媒体及相关概念

近年来广告媒体及广告业务愈来愈精细，但所有与广告业有关的人，包括广告客户、广告公司及媒体广告组织，并没有因为丰富的媒体资料及先进的运作技术而得到帮助，反而似乎遇到了更多的障碍。人们用了极大的精力来收集资料，并且运用各种方法来设计出新的技术，但是很不幸，所有的努力都由于没有将广告建立在一个健全的基础上而逐渐遭到损毁。广告媒体有效运作包括六项基本内容——广告媒体、媒体评估准则、媒体计划原理、广告客户、广告公司及媒体的管理者。这六项基本内容不仅要独立而有效地操作，同时更需互相有效地配合，这样才能使广告媒体发挥最佳的效用。所以这一节我们重点讨论的内容是广告媒体以及与广告媒体相关联的基本概念。

### 一、广告媒体定义

广告，作为一种信息，必须依附于一定的物质手段才能向社会传播。

所谓广告媒体是指传播广告信息的物质，凡能在广告主与广告对象之间起媒介和载体作用的物质都可以称为广告媒体。它的基本功能是传递信息，促成企业或个人实现其推销、宣传等目的。

从上述广告媒体的定义中，我们可以明确以下几方面的内容：

首先，广告信息是指广告主所要传达的主要内容，包括商品信息、服务信息、劳务信息、观念信息等。

商品信息是广告内容中最简单的一种，也是商品广告中最主要的内容。这类广告的主要作用是使消费者能及时了解某种商品信息，并且能在更大范围内销售。

劳务信息包括各种非商品形式的买卖或半商品形式的买卖的服务性活动信息。例如文娱活动、旅游服务、艺术摄影、饮食以及信息咨询服务等行业的经营项目。

观念信息是指通过广告活动倡导某种意识，使消费者从态度上信任某一企业，在感情上偏爱某种品牌，从而树立一种有利于广告主的消费观念。

全面理解广告所传递的信息内容，有助于更好地进行媒体选择，从而更充分地发挥广告的作用。

其次，媒介作为信息传递、交流的工具和手段，在广告信息传播中起着极为重要的作用。但是，媒介一词具有多义性，在不同场合有不同的含义。例如我们可以说语言、文字是传播媒介，可以说电脑、电话、报刊、书籍、广播、电视等是传播媒介，同样，我们也可以说报社、出版社、电台、电视台等是传播媒介。概括起来说，传播媒介大致有两种含义：其一，它指信息传递的载体、中介物、渠道、工具或技术手段；其二，它指从事信息的采集加工制作和传播的社会组织，即传媒机构。这两种含义指示的对象和领域是不同的，但无论哪一种意义上的媒介，都是社会信息系统不可缺少的重要环节和要素。

媒介这个概念并不像看上去那么简单，在没有引入传播媒介这一理念之前，传媒便早已存在，如击鼓传信、烽烟、驿站等这些古已有之的传递信息的方式，也都是传媒，因为它们都是人们传播能力的延伸。

充分理解媒介的特性，有助于我们准确把握广告媒体的实质，合理地开发和利用不同媒体的多种功能。

最后，凡能在广告主与广告对象之间起媒介和载体作用的物质都可以称为广告媒体。这表明广告媒体是一种物质，这种物质不是恒定不变的，而是不断变化着的物质。

在大众传播学中，广告主是信息源，媒体是通路（渠道），听、阅广告的人是受众。如果没有渠道，那么传播者与接受者之间就无法沟通。

广告媒体是传播广告信息的中介物，是连接广告主与消费者的一座桥梁。现代科技的高速发展为广告提供了用之不竭的传播手段。除了大众传播媒体之外，凡是可视、可听、可触、可摸、可嗅的媒体都可以作为广告媒体。广告媒体的市场是动态的，现存的媒体不断地改变自身以适应需要，而新的媒体也在不断地出现。各种不同的媒体犹如十八般兵器，各有各的功能，广告设计者必须根据各种媒体的优缺点，巧妙地加以利用与组合，扬长避短，以巧补拙，争取以最少的投入获得最佳的广告效果。

广告媒体随着科学技术的进步而日益丰富，正朝着电子化、现代化和艺术空间化的方向发展。

### 二、广告客户与广告媒体

广告客户又叫广告主，是申请发布广告的企业、事业单位、机关团体、公民个人的统称，其中主要是工商企业。广告客户是广告的发布者和出资者，是广告活动的主体之一。广告客户作为广告的决策者，负有保证广告真实、合法的法律责任和社会责任。

如果把广告主看做是广告产业中起主导作用或者富有关键性影响的环节，那么广告主是整个广告产业系统中的买方，而广告媒体则是卖方。买方根据自身的价值观、购买标准来选择购买广告媒体，而广告媒体则要依法对广告主的广告内容进行审核与把关，因此广告客户与广告媒体之间存在着相互依存、相互制约的关系。

广告客户与广告媒体作为买卖双方，从产业关系上讲，广告媒体对于广告主而言是有寄生性的。广告主花钱购买服务和载体，其选择权利是天赋的。从这个意义上讲，特别是就目前情况看，广告产业中当然是买方市场。因此，买方的理性化程度、专业化程度、自律程度，都对广告市场构成主导性影响。

目前广告市场的不规范，甚至无序、混乱，已是不争的事实。其中广告主自身存在的问题对整个市场的规范化有着极大的负面影响。具体地说，广告主目前所存在的问题主要表现在以下几个方面：

第一，体制行为给广告业带来的负面影响，这也是广告主自身最大的问题。在各种企业体制中，国有大中型企业占据广告主群体的重要成分。国有资产责任者、代表者的不明确，责权利的混淆等国有体制的弊端反映在特定的广告主行为上是难以明确责任和担负责任。由此带来几个方面的问题，一是难以实现决策的科学化和民主化；二是腐败现象大量滋生，广告回扣几乎成为正常现象；三是难以提高专业化水平，无法形成科学的评价体系。

第二，无论何种体制的广告主，都存在对广告产业的产业化认识问题。如果广告行为是使企业产品转化为商品，乃至在这个转化中大量增值的有机行为，那么它就是企业经营的有机组成部分，甚至是重要的组成部分，对它要像决策经营一样决策。然而，目前许多广告主并未对广告有如此重视。从另一方面讲，广告作为一种独特的产业，它的产业化程度决定了它的科学性和规律性，研究它的科学性，才能适应它的规律性。

第三，广告主的自身专业水平普遍偏低。在已经进入信息时代的今天，决策的科学化已经成为一种必然，然而有多少广告主能够借助信息工程、系统工程等现代化手段实现决策、管理、行为的科学化呢？没有科学化的理念就没有科学化的行为，没有科学化的认识事物的方式就没有科学化的决策程序。

以上讲的广告主存在的问题，除企业体制问题受制于整体国有企业改制外，其余的问题都是如何提高专业化水准的问题。通俗地讲，就是认识广告主、学会做广告主的问题。

广告主行为的规范化除了提高自身的素质和加强自律外，广告媒体对其制约的作用不可忽视。从广告活动的运作程序上讲，广告媒体对广告客户主体资格的审查与广告内容的把关，是对广告活动源头的管理，有利于促进广告市场的健康发展。

广告媒体对广告客户的审核与把关主要有以下两方面的内容：

其一，审查广告客户主体资格是否合法，能否做广告，以及能做什么内容的广告，主要以广告客户提交的主体资格证明来判断，并按《广告管理条例施行细则》的规定，审查广告客户的有效证明，只有当广告内容在广告客户的经营范围或者国家许可的范围内，才能做广告。

应当强调，审查广告客户的主体资格主要是审查广告和广告客户之间的关系是否符合法律、法规和有关政策。在审查中要注意，有的广告仅从广告的语言文字、画面的审查上看是没有问题的，而与广告客户的主体资格联系起来看却有不合法的现象。

其二，约束、限制广告客户可能出现的非法、违法广告活动行为，是广告媒体的又一项重要任务。广告宣传是广告客户的一项法律行为，决不能因为广告客户出了资，就可以不受任何限制地进行广告宣传活动，而必须限制在法律、法规、政策及国家许可的范围内。限制、约束主要有以下三方面：

（1）范围限制。广告客户的广告，应限制在广告客户的经营范围或国家许可的范围内。

（2）内容限制。广告客户要保证广告内容真实、健康、清晰、明白，凡有违反我国法律、法规，损害民族尊严的，或有反动、淫秽、迷信、荒诞内容的，或有弄虚作假、贬低同类产品的等违反《广告法》的内容均属限制之列。

（3）证件限制。广告客户从事广告宣传活动，要提供有关的证明文件、批文、资料以证实其广告内容的真实性、合法性、有效性；必须交验与其广告宣传内容相符的证明，如质量标准、获奖证书、优质产品证书、专利证书、商标注册证、生产许可证以及特定商品审批证，等等。无证件、批文、资料证明的，或证明与其广告宣传内容不符的均在限制之列。

### 三、广告公司与广告媒体

所谓广告公司，是指依法成立的专门从事广告经营服务的企业，即指介于广告客户与广告媒体之间，专门从事广告策划、设计、制作、代理、咨询以及某些广告发布等活动，并具有企业法人地位的经济组织。

广告公司的出现，从世界范围看，已有150多年的历史，在我国，也有60余年之久。它是商品经济高度发达的必然产物，是社会化大生产、大流通细化分工协作和广告活动发展的结果。在现代社会，广告公司已成为广告业及其广告活动的主体之一，在广告行业中处于十分重要的地位。

现代广告是全能服务的广告，它的工作已超出简单的告示性广告发布范围，它是在广泛调查的基础上，通过广告策划向广告客户提供研究产品、研究市场、分析销售因素、选择媒体、制定广告计划以及与其他市场因素配合营销等方面的综合服务。因此，专门从事广告经营服务活动的广告公司，从横向看，它是广告客户与广告媒体单位之间的桥梁。广告公司为广告客户实行以策划为主导、创意为中心的全面代理服务，它按广告客户的要求做广告并对之负责；同时，又面对各种媒体单位做代理服务，使广告策划付诸实施，并负责测定广告效果。也就是说，广告公司的服务既对广告客户负责，也对广告媒体单位负责，当然也对社会负责。从纵向看，专门从事广告经营服务活动的众多广告经营单位之间，又根据需要和实际能力，按专业化分工协作的要求，逐步形成不同层次、不同规模或综合性全能服务型或某一专业性专门化服务型的公司。例如，专门做广告设计或专门进行广告制作等。可见，广告公司说到底是广告业务代理的服务性企业，广告公司这种经济组织的实质就是企业。

广告公司的功能主要表现在以下几方面：

第一，代理功能。广告公司作为联系广告客户和广告媒体之间的桥梁和中介，在广告活动中首要的是代理功能。

（1）承揽代理广告客户委托的广告业务。首先，根据广告代理合同，实施广告战略，设计、制作广告，运用多种专业知识、技能和手法，将广告客户的意愿表现出来，产生广告文本。其次，根据广告代理合同，在被代理的广告客户的委托范围内，与广告媒体单位进行业务往来，签订广告发布合同，保证广告在特定的媒体上发布，在特定的时间和版面上发布，从而把广告客户的信息传递给公众。最后，监视广告发布是否符合广告发布合同的约定，收集广告发布后的影响，测定广告发布的结果，向广告客户反馈市场信息。

（2）代理广告设计和制作。广告公司在设计制作广告上，一般较媒体单位更有优势。广告公司将制作好的广告作品交由媒体发布，一方面作品的质量较高，另一方面也使媒体把服务重点专注于发布，更有时间和精力从事媒体发布效果的研究与开发，提高专业服务水平，吸引更多受众的兴趣和注意，提高媒体的收视率、收听率和阅读率，扩大媒体在社会中的影响力，提高媒体的信誉度。

第二，服务功能。广告公司必须服务并作用于广告客户，同时在与媒体的联系中做到互相服务。

（1）服务于广告客户。广告公司常年专门从事广告经营活动，有广告专业人才和从事广告活动所必需的财力、设备和信息网络机构，有能力为广告客户提供全面的代理服务。例如：

● 全面的市场调查、市场预测分析，可协助广告客户科学地制订广告规划，确定市场目标，提出广告目标、广告战略、广告计划、广告预算。

● 对广告媒体状况作动态分析，进行综合考虑，正确识别和选择能达到广告目标的广告媒体，按广告计划要求发布广告。

● 检查广告实施情况和广告媒体发布效果，对广告宣传进行科学评价和测定，并及时向广告客户反馈信息。

（2）服务于广告媒体。广告公司与广告媒体同是广告经营者，在共同为广告客户服务时，相互联系，也形成互相服务行为。例如：

● 为媒体提供稳定的广告业务来源。广告公司可以有计划、有步骤地向媒体输送广告业务来源，尤其是输送经过广告公司创作成型的广告作品，直接供媒体发布，对于影响较小的媒体作用就更加突出了。

● 为媒体单位承担代理职责，可使媒体节约部分费用开支、简化其组织机构，有助于提高其工作效率和效益。

● 协助媒体守法把关，减轻了媒体审查广告内容、查验证件等大量审查的压力和工作量。随着我国广告代理制的逐步实行，广告公司对媒体的服务功能还会更加充分地发挥出来。

综上所述，广告公司与广告媒体相辅相成，一方面，广告公司作为联系广告客户和广告媒体之间的桥梁和中介，对广告媒体客源有重要作用；另一方面，广告公司与广告媒体在共同为广告客户服务时，相互联系，互为服务对象。

**四、媒体广告组织**

广告媒体以报刊刊登广告为最早，所以媒体广告组织（又叫广告兼营系统）最先在报刊部门出现。其后，随着广告业的蓬勃发展，出现了五大广告媒体，这些广告媒体的专职广告机构也日趋复杂和完善起来，成为这些媒体组织不可缺少的组成部分。

媒体广告组织是经工商行政管理部门的广告管理机关批准，领取广告经营许可证，利用本单位宣传媒体的便利条件，开办广告业务的单位。媒体广告组织主要有报社、电视台、广播电台、杂志社和邮局等。

广告兼营单位具有媒体种类多样，能直接发布广告，信誉较好，可以借助于兼营单位素有的威信，发布广告速度快捷等优点。但它的业务范围有限，不能跨行业代理，如报社代理电视广告是不允许的，它的广告经营机构设置较简单，并且一般不能独立承担经济责任和法律责任。

媒体广告组织的任务和职责主要表现在以下几个方面：

第一，发布广告。五大媒体是实施广告的工具和技术手段，是广告的主要发布渠道。广告的来源主要有两方面：一是来自各广告代理业的推荐；二是直接受理广告客户的广告。媒体广告部门与本地或外地的广告公司签订合约，出售一定的广告版面或广告时间，以便各广告公司做出有计划的安排。

第二，查验广告的合法性、可靠性。不论是媒体单位直接承揽的广告，还是广告公司代理的广告，媒体广告部门都要依照广告法的规定，查验有关证明，审查广告内容，对证明不全或内容违法的广告，不予发布。

第三，开展媒体本身广告效果调查研究。准确把握媒体覆盖面、收视率、发行量以及视听受众数量和构成等数据，并提供给广告公司、广告客户和有关单位。

第四，设计制作广告。五大媒体广告组织接受广告任务时，有的广告作品已设计制作好了，只是负责安排版面或时间；但有的广告客户只提供广告资料、提出要求，由广告部门设计制作，如报纸、杂志广告的文稿撰写、美术设计，广播、电视广告的脚本撰写、演员排演、录音与拍摄、剪辑等。

第五，收集广告反应。媒体广告部门发播广告后，往往收到许多视听受众或读者来函，提出询问或投诉，媒体广告部门应定期整理，并向广告客户反映，加强与广告客户之间的联系，及时了解广告反应，稳定广告客户的信心，这是争取广告客户的重要手段。

第六，接受咨询、处理投诉。对于广告客户、广告公司、广告受众有关对媒体情况的查询、了解，及时予以答复，提供有关资料，及时处理社会各界对广告的投诉，或转交有关部门处理。

媒体广告组织，因其广告业务规格不同，有的比较精简，有的比较周全。

## 第二节 寻找新广告媒体的原则

满足人们的整体需要，这是当代广告活动的宗旨和必然规律。现实生活中，人们借助眼、耳、鼻、舌、身各器官的视觉、听觉、嗅觉、味觉和触觉来接受来自各方面的信息，因而只限于大众传媒来传播广告信息尚不足以全面引起人们对广告的注意或激发受众的购买欲望。这样，寻找并运用新的广告媒体成为广告人经常思考的问题，而一系列的新广告媒体也应运而生，如直接广告、邮订广告、网络广告、空中广告等。科技水平的不断提高和人们认识水平的纵深发展，促使广告人不断地挑战旧媒体，寻找新媒体，以便更有效地刺激受众的注意和兴趣，更好地达到销售目的。

广告媒体的市场是动态的，现存的媒体不断地改变以适应需要，而新的媒体也在不断地出现。怎样发现和寻找新的广告媒体呢？这里给大家提供几条基本思路和原则，供参考运用。

### 一、发现与寻找全新的广告信息载体

所谓全新的广告信息载体，即是一种从未被使用过的广告媒体。这种全新的广

告媒体可以从以下两个方面去寻找。

第一，在高科技的新成果中寻找。当前，世界正处于新的技术革命和开发信息资源的信息时代，电子计算机、遗传工程、信息工程、机器人、新合成材料、光导纤维、激光、人造卫星、海洋开发等新技术的开发和运用构成了其鲜明的时代特征。不久的将来，人们就会置身于一个高度信息化的社会之中。正如加拿大交通部信息技术政策特别顾问考代尔所预言的：我们接收和利用信息的方式在 20 世纪 90 年代将发生巨大变化，我们不费举手之劳就能获得似乎是无限的信息资料。与此同时，有关我们自身的似乎是无限的信息也会通过传播媒体流入公共信息库中，任何人都可得到。

进入 20 世纪 90 年代以后，信息技术朝着超大容量、超高速和人工智能的更高层次发展。传播媒体的变化，必然使广告业面临新的挑战和新的机遇。

新传播媒体是电子计算机、激光光盘以及电传通信各种技术结合的成果。信息可以储存、运算、处理，之后可以根据使用者的指令随时提供。新传播媒体迅速、准确、信息量丰富、反应灵活，它是建立在按题索答的基础之上的，与老式传播媒体相比较，其变化之大、速度之快，不可同日而语，故一般称为"超级传播媒体"。

新传播媒体至少有两方面的特点：

首先，它们是相互沟通的。我们生活中大量使用的老式传播媒体都是单向的，即信息是用一种固定的形式来传播，从而为大众所接收，无论是电视、广播，还是报纸、杂志，采用的都是这种单向传播形式。单向传播无法实现信息的双向交流和沟通。

其次，新传播媒体是现有几种传播媒体的结合体。用户可以选择他们所要的信息，规划自己的组合和程序。现在我们把现有的各种传播方法——电话、电子计算机、光盘储存器、电视、照片、音响设备联网，从而可让用户使用他们愿意采用的接收方式来选择他们要了解的信息。

总而言之，新传播媒体是内部互相沟通的，这与过去的所有传播媒体都不相同。而且，过去的传播媒体发出的材料，从内容到形式，都是经过编辑加工之后的成品，新传播媒体则允许用户自己来选择每项情报编成的形式、组合、次序及内容，无需出版者代劳。

由于广告必须依赖于传播媒体，世界各国的广告业已经开始致力于对新型传播媒体的开发和研究工作。21 世纪，人们可以在起居室里通过电视机收看激光光盘和计算机结合而形成的三维全息图像的广告节目，还可以收到通过卫星传播的世界各地的商业信息等。不仅如此，21 世纪的信息工业是以加速的方式前进的，传播媒体日新月异，意味着广告空间仍会不断扩大。在现实生活中，不只是诸如电视、广播、报纸、杂志等传统的所谓"大众传播媒体"才产生广告现象。从客观上看，传播广告信息的渠道已经远远超出现有的广告传播媒体。随着国际商业竞争的日益激烈，当前世界广告业正朝着高质、快捷、低耗、电子化、信息化和跨国化等方向发展。

随着互联网的飞速发展，特别是经济生活正于悄无声息中发生着巨大的改变。有人说，20 世纪是高速公路的时代，21 世纪则是网络信息高速公路的时代。这样的预言在今天已经不再令人惊讶和愕然，因为网络已经如此广泛和深入地走进了社会政治经济生活，并扮演着日益重要的角色。

世界网民以惊人的增长速度飞速发展着，使 Internet 快速演变为大众传媒，几次重大的新闻事件，让成千上万的人感受到了这个数字媒体分分秒秒震撼人心的传播威力。1998 年 9 月 11 日，美国特别检察官斯塔尔在网上抢先全文发布对克林顿性丑闻的调查报告，全球数以千万计的网友蜂拥上网，造成网络前所未有的大塞车。而传统平面媒体在一天以后才刊出这份调查报告。大出风头的网络在这一天跻身主流新闻媒体的行列。由此，网络成为重要的广告信息载体，网络广告也就成为广告世界的一朵奇葩，格外鲜艳夺目。可以说，电脑网络使广告媒体及其发展走向了技术化、尖端化，并且我们还能在高科技的不断发展中寻找到全新的广告媒体。

第二，细心观察生活，在自己的周围发现新媒体。新媒体存在于生活的每一天，也存在于世界的每一个角落，只要你留心周围的一切，细心观察，你就能受益无穷。

"周围媒体"是一种我们已经看到甚至使用，但并未进行理论探讨与整体运用的独特媒体形式。"周围媒体"已经在英国的营销和广告活动中得到广泛关注。在这里我们将全面介绍"周围媒体"。

1. 概述

"有谁会想到酒瓶盖子、厕所的墙壁和加油泵把手等这些不足为奇的东西也能发挥重要的作用呢？"确实，你是否会将购物手推车作为一个有用并值得投入成本的重要广告媒介呢？实际上，已经有许多的世界级的大型公司不仅开始关注"周围媒体"，同时也开始向这一广告媒体工具投入大量的资金。在英国，"周围媒体"已成为广告媒体中发展最快的部分，广告人和广告代理人在进行媒体的选择时，除了原先的五大媒体（电视、报纸、招贴画、电影院和广播）外，又有了初出茅庐的"非传统的户外媒体"——"周围媒体"可以选择。

2. 对"周围媒体"的描述和分类

对"周围媒体"所包含的全部范围和类型进行描述的方法之一，是将"周围媒体"根据各种媒体所适用的环境进行分类划分。通过分类可以使实际使用者精确地计划将每一具体媒体安排在其可能的地方。

在服务营销发展的早期，Lovelock 曾指出："对服务进行分类的更有效方法，是将服务由它们共有的营销特征来进行分组。"将这一思想发展到"周围媒体"的内容中去则考虑一系列的因素和营销特征是非常重要的。首先，什么是既定活动的目标（是战略性的还是战术性的）？其次，所使用的"周围媒体"广告所指向的产品或服务以及它们最接近的销售点之间的联系如何（紧密或松散）？这就产生了矩阵。

通过这种方法对"周围媒体"进行分类有几个重要的原因。首先，通过将"周围媒体"的战略性动机归为复杂广告组合的一部分，可以帮助提高理解力、可信度和可接受性。战略性的计划和组织良好的营销活动可以帮助建立整体的品牌定位。其次，同样的媒体如加油泵可能既用于战略（大部分情况）又用于战术（小部分情况）。最后，也可能是最重要的是能在接近销售点的地方与消费者进行交流。

3. "周围媒体"的成长——现在与将来

传统营销技术的效果正在下降，其原因包括市场的细分、不可计量性、传统媒体成本的上升、顾客的减少及细分以及广告的层出不穷，结果使交流各方在进行媒体计划时对他们所处行业已有的知识提出更多的疑问。相应地，通过传统的手段也可以获得新的更具刺激性的与消费者进行交流的机会。供应方因素是该过程的核心部分，媒体市场中的公司也开始响应代理商们对新型媒体工具的需要。然而，周围媒体市场还处于萌芽阶段，而且它在满足广告代理商对服务质量等方面的要求时具有一定的局限性。

"周围媒体"成长的另一因素是它在营销战中所起到的作用。人们对能在消费者决策阶段中与消费者进行交流非常感兴趣。一定的"周围媒体"可以使媒体计划人有机会在销售点与潜在的消费者进行交流。在这种环境下，"周围媒体"的主要"竞争者"是促销活动和销售点的现场"生产"。然而"周围媒体"比促销活动有更大的吸引力，如活动时间的简短等。与价格促销相比，"周围媒体"不会产生如产品边际率下降和品牌形象的降低。实际上，精心组织的"周围媒体"战不管是在销售点还是在其他地方都能提高品牌的形象。然而需要注意的是，"周围媒体"战可以是获得公众知名度的一种方式，也可以是数据库工程的一部分，甚至可以是一种促销。它的这种多面性也是它能如此发展的原因之一。

使媒体计划人关注"周围媒体"的另一个原因是对市场进行严格的细分并各自进行规划的趋势。

"周围媒体"将继续成长。然而，即使"周围媒体"已经赢得了广告代理人和他们客户的接受和信任，它仍需要面对一系列的问题。而其中最值得关注的问题是如何使"周围媒体"更具可衡量性。"周围媒体"所使用的成本是广告预算中最少的一部分，所以它的效果显得并不重要。然而，"周围媒体"如果希望得到广告预算中更大的比例，它就需要具有更高的可衡量性。有趣的是，当"周围媒体"起战术作用时，它的效果也就比较容易得到（例如采用分区测试）；反之，传统的长期的品牌广告战和短期的战术广告战相比，为了建立和维持长期的品牌形象而设计的战略性"周围媒体"战则很难评估其效果。

该行业所面临的另一重要问题是其结构的复杂性。在当今，"周围媒体"行业由众多的小供应商组成。其中一个公司可能处理加油泵嘴广告，而另一个公司则可能处理商店手推车广告等。那些想要使用"周围媒体"的广告代理人可以直接与个别供应商联系，也可以选择户外专家的服务——他们将为你作出战略性的计划并协调各个小型供应商的比例。与此相联系的一个问题是，在这个行业中缺乏一个独立的研究实体。当购买一个电视广告权后，独立的、行业公认的研究可以证实这一广告已经播放了，同时还可以得到有多少收视率的数据。而如果代理人想要使用加油泵嘴广告，那么就没有一个行业公认的研究实体可以估计或衡量有多少人拿起加油泵嘴并有机会看到这个广告。此外，广告人如果需要查看该广告是否在各个加油站放置，其代价也是很昂贵的，所以"周围媒体"供应商需要对其顾客提供这方面的保证。由此，代理人服务质量的评价也就提高了。

4. 购买点"周围媒体"和消费者行为

"周围媒体"主要用于同接近购买点的顾客进行交流。十多年前，Quelch 等曾经说过，零售店已经成了消费品生产商争夺的新战场。随着广告成本上升、零售的降低以及消费者越来越具差别性，使生产商们发现他们需要购买决策发生的时间和地点——购买点去接近潜在顾客。

这些战场存在于很多的超级市场中。商场中的试吃、食谱卡、促销及现场生产都是在销售点接近消费者的方法。然而，一般我们首先察觉到的是对于销售点消费者行为的研究很少。大多数消费者行为决策模型是信息处理模型的衍生物。信息处理模型假设了一个理性、主动地收集信息、处理信息，效用最大化的消费者。Foxall 作为消费者行为方面关于基础行为主义的领导者，更多地将其工作重心转向行为观念模型：消费者行为是其学习经验与现实行为相互作用的产物，而这些行为随后又将改变其学习经验、消费情景及其行为的可能性。

而 Philips 和 Bsadshaw 将 Foxall 的思想融入其购买者行为相互作用模型，他们认为：消费者一直处于同环境相互作用的状态下，其核心就是购买前的不确定和购买点的产品选择之间的相互影响。

而另一位专家 Ehrenberg 则试图将消费者行为和广告联系起来。大多数读者可能熟悉他的 ATR 模型，但最近他又将其改成 ATRN 模型。具体阐释如下：

意识：对新的品牌 X 的意识，可能有一些初步兴趣；

判断：对购买 X 的 1/2 可能性的产生；

加强：对 X 使用的满意可能导致或加强对这一品牌的购买习惯或喜欢程度；

注意：在此时消费者购买该品牌可能性将提高或降低。

Ehrenberg 的模型很明显与 Foxall 有相似之处。有趣的是，Ehrenberg 并没有指明其模型所涉及的是何种类型的广告。一种新产品的基础广告（例如招贴或电视广告）可以提供基本的产品信息，但是基于 Ehrenberg 的观点，这种广告的作用是有限的。随后的广告应加强或提醒对该品牌还比较模糊的那部分消费者。这也就是说"周围媒体"广告作为广告组合中的一分子也能达到这样的效果，并且因为它接近购买点，其提醒注意的能力也就更大。总之，对于购买点的消费者决策过程中的环境因素的刺激效果是很重要的。

POPAL（购买点广告协会）的研究可支持 Foxall 等的观点，认为低参与性产品的消费者表现出很低的购买前决策。POPAL1995 年对购买习惯的调查显示，对于特定品牌的购买决策有 70% 是在超级市场中进行的。据此，购买行为可以被描述为以下几种类型：

（1）特殊的计划购买。在购买前已经对特殊品牌有决定。有 30% 的购买者属于该类型。

（2）一般的计划购买。消费者在购买前有一定的可选品牌的目录，但是具体的决策是在超级市场中进行的。有 6% 的购买者属于该类型。

（3）替代购买。这种类型的购买者在进入商场时对某一品牌有优先选择的想法，但是最后可能被竞争品牌或其他东西所代替。

（4）无计划购买。这一类型代表着大部分购买者（60%），他们当前对购买的品牌并没有特殊的计划，其购买决策主要在超级市场中进行。

无计划购买当然可以被进一步地细分。Bayley 和 Nancarrow 对这部分消费者很感兴趣，他们将其称为被动购买者。消费者喜欢在商场内进行购买决策，所以也就受商场环境的影响。

5. 结论

由于"周围媒体"理论内涵和不断发展的市场空间，它还将向前发展。同样随着市场空间的发展，"周围媒体"工具也将越来越多。然而需要注意的是，如果你不是采用一种新的"周围媒体"工具的第一人，那么你在选择使用何种"周围媒体"工具时应慎重考虑。通过时间的考验，那些被证明是有效的媒体工具将不断发展并将不断提高其服务水平，而那些无效的媒体工具将被淘汰。另外，"周围媒体"应该同其他的广告和交流手段协同使用。

另外一个需要慎重考虑的问题是，到哪里去购买"周围媒体"？这将依赖于组织因素（例如，通过建立战略联盟使代理商能使用特定公司的服务）、营销活动的复杂性（例如，只使用单个的"周围媒体"时可以直接向供应商购买，而使用多个"周围媒体"时，可能选择一个经纪人或中介更为实用）以及使用"周围媒体"的经验。对于"周围媒体"的供应商而言，他们需要将重点放在为顾客提供发放的数据以及获得关于其服务有效性的独立评估上。

### 二、对传统媒体加以改造利用，推陈出新

广告业中有句行话："旧的元素，新的组合。"这不仅适用于广告创意策划，也同样可以用来寻找新的广告媒体。

第一，变被动为主动。许多广告都在等待顾客来关注，或借助于其他的形式让广告强加于人们的视线中，这多少容易引起人们对广告的反感情绪。有一天我走在北京的大街上，一队骑自行车的人，穿着统一的服装，胸前背后印着某企业的名字，手中举着印有产品名称的大旗，车队整齐地前行着，十分醒目，惹得路人纷纷注目，我被车队所吸引，一直目送他们远去。事实上通过人体来做广告的并不少见，商场中每个专柜都有人不厌其烦地向你宣传其产品的好处，诱使你购买，然而这种活动的人体广告走上街却比较新颖，它不是坐等顾客上门，而是主动出击，却也不像上门推销那样带有硬性色彩，与观众的接触率也比较理想。这也是人体活动广告在运用上的一种新尝试吧。

第二，做广告不留痕迹，降低受众的排斥性。电视剧《真情告白》、《难得有情人》、《将爱情进行到底》在1999年获得了很高的收视率，借助高收视率，摩托罗拉V998手机以及爱立信768C手机广告也出尽风头，推动剧情的发展。其中爱立信768C手机可以说是完全融入剧情之中。剧中有这样一个情节：男主人公南下打工，因思念女主人公，给对方打电话，让她听大海的声音，男主人公手中的手机品牌醒目，剧情又极为煽情，爱立信768C手机由此给人留下了一个温情的形象。赞助电视剧是一种常见的广告形式，但是像上述手机商家将广告恰如其分地融入到电视剧剧情中的做法无疑是一种创新，它大大降低了人们对广告的排斥情绪，做到了于无形中做广告，收到了意想不到的效果。

第三，逆向思维通常能够在改造旧媒体时起到出奇制胜的作用。逆向思维是指反其道而行之，其实依然是创新，突破局限，敢为天下先。这方面有一个十分典型的例子："伟嘉"猫粮。根据正常人的思维方式，猫粮的购买者是人，广告自然应该围绕人来进行创意。然而"伟嘉"的广告代理公司却反其道而行之，制作了一条"给猫看的广告"。据广告播出后的测试表明，大部分猫对这个广告做出了积极反应，这种采用特殊音响、画面作媒介的广告，取得了成功，并引起轰动。

第四，许多产品本身就是很好的媒体，结合产品自身特点进行创新，可以激发我们寻找新媒体的灵感。日本资生堂化妆品公司要求员工经常使用公司产品，以此影响周围人群。尤其是资生堂专柜的售货小姐，不仅天天使用资生堂产品，甚至把产品的名字印在额头上和脸上，以吸引人的注意。当人们走进资生堂化妆品专柜时，发现浓妆艳抹的销售小姐脸上、额头上居然有一些特别的装饰，在好奇心的驱使下仔细察看，对其面部的化妆品名称必然记忆十分深刻，在专柜中发

现该种化妆品时，自然会决定购买，而且这种印在面部的广告成为该公司一种独特的标志。

　　寻找新媒体，应该是"条条大道通罗马"，但其中有一个永恒的主题——创新。不难看出，寻找新媒体的过程就是一个创新的过程，创新是其根本所在。

# 第二章 广告媒体的分类

将广告信息传递给可能的购买者的方式有很多种。由于各种统计资料很快就会过时，因此广告媒体的分类必须是十分广泛而概括的。这些媒体的分类不是严格区分和一成不变的，有些媒体可能同时属于两类，或者甚至由一类变成另一类，如某些刊物实际上是杂志却以报纸的方式印行，而有些原来是报纸后来却变成了杂志，彩色附页也可同时归类于报纸及杂志名下。现在全国性的报纸也常有地方版，而地方电视台上卫星后也有全国性影响。所以，广告媒体是一种动态的物质，从不同的角度划分可以形成不同的媒体类型，而不同类型的媒体又有不同的作用。

## 第一节 广告媒体的分类

可用于广告的媒体形式多样，种类繁杂，常用的有电视、广播、报纸、杂志、书籍、电影、路牌、招贴、橱窗、邮寄品、霓虹灯、飞艇、气球、交通工具等。概而言之，凡是能传播信息的物体，在一定条件下，都可以成为广告媒体。

尽管广告媒体种类如此繁多，但可以从不同的角度对其进行分类。分类的意义在于对各种广告媒体的特点有一个初步的了解，这是认知、熟悉广告媒体的基础，也是选择媒体的依据之一。

### 一、按广告媒体功能分类

按广告媒体的功能进行分类，可分为视觉媒体、听觉媒体和视听两用媒体。

视觉媒体包括报纸、杂志、邮件、海报、传单、招贴、日历、户外广告、橱窗布置等媒体形式。

听觉媒体包括无线电广播、有线广播、宣传车、录音和电话等媒体形式。

视听两用媒体主要包括电视（有线电视、无线电视、卫星电视）、电影、网络信息、戏剧、小品及其他表演形式。

### 二、按广告媒体表现形式分类

按广告媒体的表现形式进行分类，可分为印刷媒体、电信媒体等。

印刷媒体包括报纸、杂志、说明书、挂历、传单等。

电信媒体包括电视、广播、互联网、电动广告牌、电脑、电话等。

### 三、按广告媒体的影响范围分类

按广告媒体影响范围的大小进行分类，可分为国际性广告媒体、全国性广告媒体和地方性广告媒体。

国际性广告媒体如卫星电路传播、面向全球的报刊等。

全国性广告媒体如国家电视台、全国性报刊等。

地方性广告媒体如省、市电视台、报刊和少数民族语言文字的电台、电视台、报刊等。

### 四、按广告媒体受众的接受类型分类

按广告媒体受众的不同，可分为大众化媒体和专业性媒体。

大众化媒体包括报纸、杂志、广播、电视、网络等。

专业性媒体包括专业性报纸、杂志和专业性说明书等。

### 五、按广告媒体传播信息的时间分类

按广告媒体传播信息时间的长短可分为瞬间性媒体、短期性媒体和长期性媒体。

瞬间性媒体如广播、电视、电影、幻灯等。

短期性媒体如海报、橱窗、广告牌、报纸等。

长期性媒体如产品说明书、产品包装、厂牌、商标、挂历等。

### 六、按广告媒体的统计程度分类

这是指按对广告媒体的广告发布数量和广告收费标准的统计程度来划分，可分为计量媒体和非计量媒体。

计量媒体如报纸、杂志、广播、电视等。

非计量媒体如橱窗、戏剧及其他表演等。

### 七、按广告媒体传播内容分类

按广告媒体传播内容来分类，可分为综合性媒体和单一性媒体。

综合性媒体指能够同时传播多种广告信息内容的媒体，如报纸、杂志、广播、电视等。

单一性媒体指只能传播某一种或某一方面的广告信息内容的媒体，如包装、橱窗、霓虹灯等。

### 八、按广告媒体与广告主的关系分类

按广告媒体与广告主的关系来分类，可分为间接媒体（或租用媒体）和专用媒体（或自用媒体）。

间接媒体（或租用媒体）是指广告主通过租赁、购买等方式间接利用的媒体，如报纸、杂志、广播、电视、公共设施等。

专用媒体（或自用媒体）是指属广告主所有并能为广告主直接使用的媒体，如产品包装、邮寄、传单、橱窗、霓虹灯、挂历、展销会、宣传车等。

综上所述，媒体的分类比较复杂，不同的媒体在不同标准的分类中占有不同的位置。

了解媒体的分类，一方面可以在选择广告媒体时，更准确地把握其特点；另一方面可以根据所要宣传的商品的特点、要宣传的广告内容及表现手法，对同一类媒体进行比较，以选出最佳广告媒体。

## 第二节 各类广告媒体的功能与作用

总体上讲，广告媒体的功能和作用表现在以下几个方面：

（1）广泛的传播能力。指广告媒体的传播范围与传播对象的广泛性。广告媒体，尤其是大众传播媒体，如报纸、广播、电视、杂志等，由于它们不受时空限制，可以将广告信息广泛而深入地传播、渗透到广大的地区和广泛的对象中。

（2）极强的吸引力。指广告媒体在传播广告信息方面有强大的吸引力，从而对广大消费者有极强的诱惑力和吸引力，由此而达到其宣传目的。

（3）服务大众。指广告媒体的目标是为广大消费者服务。这种服务功能决定了媒体必须向受众提供有用的信息，借助媒体传播的各种信息，人们获得各种需求满足。

（4）适应性强。指广告媒体多种多样，具有非常灵活的适应能力，从而可以满足不同广告主与广告公司的信息传播要求。

当今世界中，媒体的种类繁多，不同国家对媒体的选择及利用情况与其国内的政治、经济、民族特点有关。在经济发达的国家里，报纸、杂志、广播、电视四大媒体是传播广告信息的主要手段，而在经济比较落后、商品经济不发达的国家里，有的以报刊媒体为主，有的以电子媒体为主。但大多数国家都综合运用各种广告媒体，而且，随着社会经济和广告事业的发展，越来越多的国家和地区在广告媒体的利用方面正朝着综合利用的方向发展。

因此，充分了解各类广告媒体的功能和作用，已成为综合利用广告媒体、优化配置媒体资源的基础。

### 一、印刷媒体和电信媒体

印刷媒体是用印刷在纸张上的文字符号及图案，通过作用于人的视觉以达到传播目的，从而施行广告宣传的媒体，因而它们的宣传时间较为长久，同时还便于查询和留存，具有重复性宣传的特点。

电信媒体（又称"电传性媒体"或"电子媒体"）是一种光电性能的媒体，因其与当代科学技术联系紧密，所以具有极强的时代特征。电信媒体传播信息迅速、广泛、适应性强、感染力强，在各类媒体中后来居上，独领风骚，越来越被人们看好。

### 二、视觉媒体、听觉媒体和视听两用媒体

视觉媒体的特点是通过对人的视觉器官的信息刺激，来影响人的心理活动的感觉过程，从而使人产生对广告内容的印象。

听觉媒体的主要特点是通过对人的听觉器官的感官刺激，激发人的心理感知过程，从而使人留下对所感知事物的印象。

视听两用媒体兼备形象和声音两种功能，广告效果相应增强，因而在广告市场的竞争中具有明显的优势，对社会大众具有非凡的影响力（表2-1）。

表 2-1　　　　　　　　　视觉、听觉、视听两用媒体功能比较表

| 视觉媒体 | 听觉媒体 | 视听两用媒体 |
|---|---|---|
| 广告视觉拉近生产者和消费者之间的关系 | 广告听觉拉近生产者和消费者之间的关系 | 先凭视觉，后凭听觉拉近生产者和消费者之间关系 |
| 视觉使人能理智地观察到事实 | 听觉使人感情用事，所接受的事物与实际有距离 | 视觉和听觉的双重感知使人易于了解事物 |
| 视觉刺激不易产生深刻印象 | 听觉刺激易于产生深刻印象，便于记忆 | 视觉和听觉感知的事实易于记忆，有深刻印象 |
| 视觉组合力强，视野宽，可同时感知不同内容 | 听觉可同时感知不同内容，但易受干扰 | 视听范围广泛，印象深刻、持久 |
| 视觉可自主决定阅读速度，不受限制 | 听觉不能自主决定收听速度，受限制 | 视听均不能自主决定速度，受限制 |
| 视觉媒体可传播艰深的东西，且可详细解释 | 听觉媒体只可传播简单的东西，且不能详细解释 | 视听只能传播一般难度的内容，且不能详细解释 |

续表

| 视觉媒体 | 听觉媒体 | 视听两用媒体 |
|---|---|---|
| 视觉可给人真实感，促进购买 | 听觉无法给人真实感，不易促进购买 | 视听可给人真实感，促进购买 |
| 对文盲和知识程度低者传播功效小 | 对不同文化程度者均有效 | 对各种不同文化程度者均有效 |
| 视觉不能绝对集中消费者注意力，可在阅读时分心做其他事 | 听觉不能绝对集中消费者注意力，可边听边做其他事 | 视听不能绝对集中消费者注意力，必须使消费者眼耳集中，不能分用 |

### 三、国际性媒体、全国性媒体和地区性媒体

国际性媒体主要包括两大类，一类是国际通用的媒体，具有世界影响或具有某种权威性的报刊，如美国的《新闻周刊》、《读者文摘》、《华盛顿邮报》，英国的《卫报》、《经济学家》，德国的《明镜周刊》等，它们分别都以十多种文字在国际上印刷发行，行销世界各个国家和地区；另一类是指国外当地的本国或他国的各种广告媒体。

国际性媒体大多针对国际企业进行服务，因而其影响是国际性的，它能使商品被推销到最广阔的市场，扩大销售渠道，促进国际贸易间的往来，增进国与国之间的相互了解。运用国际性广告媒体在外国推销商品及服务时，既要表现出自己本国的民族特色，也要注意各国之间的差异，如市场环境差异、语言差异、风俗习惯、法律、宗教信仰、文化结构、教育程度、地理环境等，要认真适应其社会环境方面的种种复杂情况，尊重不同国家和民族的情感，遵守他国的法律，减少不必要的麻烦、纠纷和误解。例如，某些颜色在自己国家可能代表一种喜庆色彩，但在有些国家或民族可能是悲伤的象征。所以运用国际性媒体时，一定要多方考虑，有效利用，从而实现广告的最终目的。

全国性媒体，是指在全国范围内传播广告信息，并具有一定影响力的媒体。它包括向全国发行的报纸、杂志、书籍、邮寄品，覆盖面达到全国的电台、电视台等。全国性媒体一般都拥有广泛的听众、观众、读者群，知名度较高，可信性强，影响力大，适合为大领域里的推销策略作大规模的广告宣传，有助于开拓产品市场，提高产品及企业的知名度。但全国性媒体的广告针对性不强，且收费较高，因而不适合专业性较强的广告宣传。

地区性媒体是指在一定的有限区域内传播广告信息的媒体，省、市电台、电视

台和地方性报刊等均属地区性媒体。由于受特定的地域和空间限制，因而影响程度显然不如全国性媒体。然而其针对性强，适应性强，可以灵活机动地根据所控制地区消费者的生活习惯、地理特点和风土人情，选择特定的目标市场，制定相应的广告策略，特别是推销季节性产品或地方特色强的日用品时，地区性媒体尤能大显神通。

### 四、瞬间性媒体、短期性媒体和长期性媒体

瞬时性媒体是指那些传播广告信息的时间转瞬即逝的媒体，如电视、广播、电影等。由于其物理属性是客观的，不以受众的主观意志为转移，不易记忆，因而在运用这类媒体时首先要力求在表现形式上别出心裁，引人注意；其次要注重诉求重点的明确单一，切忌信息繁杂，事倍功半；再次就是必须做周期性的反复传播，这样才能达到较为理想的广告效果，否则容易前功尽弃，浪费钱财，犯媒体选择失策的错误。

短期性媒体包括报纸、传单、橱窗等。在短期性媒体发布广告信息的单位时间里，人们相对来说可以有充裕的时间细细地品味和感觉其广告信息。同时，由于短期性媒体的广告可以较长时间地作用于人的视觉，因而在某种程度上可对产品作较详细的介绍和较复杂的说明。

长期性媒体是指那些能伴随产品进入流通领域或经销售进入消费者手中的媒体。如产品的消费包装、专用运输包装、产品说明书、产品自身的厂牌和商标、专业性杂志或书刊等。长期性媒体一般都具有使消费者主动或被动地保留、收藏和使用的价值，因而具有相当潜在的重复宣传的功能。这就要求这类媒体自身的广告设计必须根据产品特征，或注重耐损，或注重实用，或注入其文献般的保留价值，或使其像艺术品般地耐人寻味。

### 五、大众化媒体和专业性媒体

大众化媒体是指那些所传播的广告信息能为大众关心和接受的媒体，主要是指报纸、杂志、广播、电视等。尤其是广播和电视，对受众来说，不易受文化程度和年龄的限制，通俗易懂，老少皆宜。在文盲多或不发达国家，大众化媒体特别是广播媒体，通常是传播广告信息最适用的媒体。

专业性媒体在这里是指那些针对性比较强，普及范围比较小的媒体，如专业性极强的报纸、杂志等。此类媒体适合传播行业性广告信息，目标明确，有的放矢，广告费用损耗较小。

### 六、间接媒体和专用媒体

间接媒体不直接归广告主所有，所以广告主的广告计划要与间接媒体的所有者

协商而定，如租用时间、空间及费用等。在间接媒体中，报纸及广播、电视的传播效果较好，但费用高，时间短，针对性不强。

专用媒体由于归广告主所有，所以广告主可以自由地、有计划有目的地针对所选定的传播对象进行定点、定时的广告宣传，传播规模和传播方式亦可量力而行，灵活掌握，但专用媒体在广告宣传的覆盖面方面毕竟有很大的局限性，因而一般说来，专用媒体通常是对间接传播媒体的补充与配合。

## 第三节　广告媒体的新发展

广告媒体的范围是随着人类社会的发展及社会科学技术的进步而不断发展变化的。从古代一些简单的传播媒体，如叫卖声、鼓声、招牌、烽火等，发展到后来出现的大众媒体，尤其是现代社会，新兴的广告媒体物质被广泛采用，并上升到领先地位，如电子媒体（包括电视、广播、电影等）的影响远远超过了报纸、杂志。又比如，由于飞机制造业和化学工业的发展，有些国家又出现了空中广告，利用飞机在数千米高空用烟写字，这种烟是用先进的化学产品配制而成的，在空中的书写效果相当好，已经引起大众的极大兴趣。可见，广告媒体的内容是不断发展变化的，可以作为广告媒体的物质越来越多。

广告的发展依赖媒体的进步，而广告的发展又促进媒体的发展，两者之间是相互依存、相互促进的。近年来，在广告领域媒体及媒体技术都发生了日新月异的变化，这不仅表现在媒体范围的日渐加大，更重要的是表现在广告媒体越来越多地运用高、新、尖科学技术方面，比如，计算机步入媒体，使广告媒体面目为之一新。下面就近年来所出现的新媒体、新技术及新方法作一些简单的总结，并就其某些方面提出新设想、新建议。

### 一、大众传媒以外的广告宣传

#### （一）新闻发布会

这是一种很常见的宣传手法，也是容易被滥用的宣传手法。很多人以为有一种新产品上市，就可以保证产品新闻得到发布，其实这种理解是不全面的。

召开新闻发布会要考虑的第一件事，就是我们要发布的新闻有没有新闻价值。或者新产品上市，或者是新大厦落成，或者是贵宾来访，我们都可以有不同的报道角度。怎样去寻找一个有意义、有新闻价值的角度报道某一件事，这就是我们的责任。

第二件重要的事就是整理好给记者的材料，包括新闻稿和图片。不同的报刊可能用不同的篇幅去报道"我们的新闻"。究竟新闻应该写多长呢？这没有绝对的答案。一般的做法，就是提供所有资料。有兴趣的话，记者可以一一细看。另外，再附上较短的新闻稿，记者可以不看其他的资料，马上将新闻稿送给总编辑。这样的做法比较机动，可长可短，报刊可根据自己的需要做出决定。总之，要有充足的文字和图片准备，方便记者们发布新闻。

第三件要注意的事情就是要事先估计记者们可能提出的问题，做好准备，认真回答问题，不要临阵踌躇，不要被记者问倒。其他要注意的事情是邀请谁参加新闻发布会、场地的安排和决定接受或不接受单独采访等。

（二）试用、试食

当你确信自己的产品比市面上的竞争产品优胜，在质量上、价格上、味道上或方便程度上比其他产品好，那么你应该考虑举行试用、试食的宣传活动。

这种宣传手段特别适用于快速消费品，例如，牙膏、肥皂、汽水饮料、饼干、茶叶、洗发精等，这类产品一旦消费者试用、试食之后，如果喜欢的话，他们以后都会继续购买使用，所以一次的投资是十分值得的。

试用、试食活动的范围可大可小，可以是在某一商店里举行，也可以是在某一地区的所有相关商店里，或者是在整个城市的有关商店里举行，还可以直接送到每个居民家里。不过，最好是从小范围做起，慢慢将范围扩大。这种宣传手法要切记两件事：第一，产品一定要显著地比其他同类产品优胜；第二，消费者在试用、试食后，一定能清楚地知道在哪里可以购买这种产品。

（三）赞助活动

近年来赞助活动十分流行，一般的做法是由赞助单位付一笔款给活动主办单位，赞助单位可以借助活动搞宣传。这种宣传要注意三个方面：

第一，赞助一些与产品有关的活动。我们搞宣传应该积极去找有利于产品的活动，不应盲目赞助"找上门"的活动，这些活动不一定适合我们的产品。合适的活动，在性质上、宣传对象和形象上都应该与产品吻合，才能相得益彰，收到事半功倍的效果。

第二，赞助后尽量利用这些活动去搞宣传。有些广告主付过赞助费后，就袖手旁观，以为活动主办者会替自己的产品做宣传，这是不大可能的。活动的主办人有很多其他更重要的事情去做，不会忙着替广告主宣传产品。他们只提供机会，怎样去利用这个机会是广告主自己的事情。我们要知道，除了一笔付过的赞助费外，很可能要付出同样或更多的广告费去宣传这项赞助活动，这样才能使赞助有意义，使消费者认识我们的产品。

第三，详细审查赞助活动的合约，尽量争取宣传机会。这是参与活动前最重要的工作，亦是广告主最有利的时刻，我们应该协助广告主弄清楚所有细节、所有具体宣传事项。在签署合约后，再讨论这些事项就容易了。

（四）重点推销

有些产品不方便搞试用，没有合适的赞助活动，又没有什么新闻可以发布，就要把握机会，看看可不可以作出重点推销。这种重点推销就是把握一次机会，用最大的力量去推销自己的产品或服务项目。

（五）经销商推广活动

大多数的商品都需经过经销商才能卖到消费者手里，经销商包括批发商和零售店。经销商其实是市场营销中很重要的一部分，不管产品怎么好，宣传怎么好，如果没有经销商的支持，无论如何也没有办法卖出去。

一种新产品就算没有大众媒介的广告宣传，也不能缺少一个介绍给经销商的活动。经销商一定要认识和了解产品，所以要征求经销商的意见。但是最好的办法似乎是举行一次会议，邀请有关的经销商，介绍产品，示范产品，让经销商了解产品性能、订货渠道、价格信息等，厂方亦可以解答经销商的问题，这对日后的买卖都有帮助。这种方式可能更适合推销我们的出口新产品。

（六）印刷宣传品

这是宣传产品不可缺少的东西。印刷宣传品可以是简单的单页、大一点的小册子，或者是画册。一般来说，我们是通过印刷宣传品去介绍一种产品或者一个企业。由于没有像电视广告和报刊广告的时间和篇幅的限制，印刷宣传品可以详细地介绍产品、企业的能力和服务项目。

有两点要注意：首先，做一些有创意的印刷宣传品，印刷宣传品没有电视那种主动性，要用较强的创意去吸引读者；其次，做一些高质量的印刷宣传品，顾客在还没有看见产品前，只看印刷宣传品，印刷宣传品给他的印象就是产品的形象，如果你要人家对产品有好印象，就要先在印刷宣传品方面下工夫。

（七）直接邮寄

这是近年新兴的营销方式。直接邮寄可以免去"中间人"（即经销商），将产品或服务直接介绍给顾客。

进行直接邮寄宣传，一定要有下列三项条件：

第一，你提供的产品或服务，不是随便在市面上可以买到的，这样才可以使人感到邮寄有意义，对顾客有吸引力。

第二，你有对象顾客的名单、地址。例如，你卖办公室用品，那么你一定要找到顾客的名单和地址，才可以将资料寄去。

第三，顾客要有方法回复，你也要有办法将产品送到顾客那里。通常的做法是在寄去的资料里包括回复便条，当你收到便条后，便按地址将货物送去或寄去。说来容易，其实需要很精密的安排和计算。

直接邮寄的好处有两点：其一，免去了"中间人"，通常可以将成本降低。其二，寄出的资料，因为没有时间和篇幅的限制，可以很详尽地介绍产品。同时，资料可以经测试后逐步改进，以达到最佳效果。测试范围包括产品的规格、邮寄名单、信封、资料内容等。

（八）促销活动

促销活动多适用于消费品，目的通常是希望在短时间内将销售量提高，尽量保持销售量在促销活动过后仍不下降。方法通常是通过比赛、游戏或抽奖等送出礼物。顾客有机会在购物时得到礼物，自然有兴趣多消费一点。搞促销活动要注意两点：第一，送出的礼物要对消费者有吸引力；第二，促销有可能会降低产品形象，应小心处理，包括礼物的选择、送出礼物的方法和整个比赛或抽奖过程都要处理恰当。

（九）雇员媒体

这是当今许多发达国家喜欢采用的一种广告形式，即雇人充当广告媒体。在国外一些城市街头，经常可以看到穿着广告衣或拿着广告牌的人招摇过市。有时，他们还在街头表演一番，并高声喊出广告上的内容。

## 二、广告向空中发展

当今社会，广告无孔不入，为标新立异而绞尽脑汁的广告商们已经开始打火箭和卫星的主意了。欲将自己的广告打向太空，把影响面扩大到地球以外的领域，其用心之苦、用意之绝，让人不得不刮目相看。

据美国国家航空和宇宙航行局公布的消息，1992 年 3 月底，美国发射的运载火箭上携有的广告是美国电影明星诺尔德·施瓦辛格和他主演的《末路英雄》。这位"硬派明星"的大名出现在六个外部火箭助推器的表面上，而 16 米高的火箭主体的外壳上由影片的名称《末路英雄》几个字来装点，分别用红色、橙色和黄色的特殊颜料写成。火箭所运送的主体——科学卫星的表面也涂有这部惊险动作影片的广告标志。

这枚无人乘载的运载火箭于 1992 年 3 月 31 日由设在弗勒浦斯岛上的美国国家航空和宇宙航行局的发射场发射升空。据称，这次火箭发射有 20 多个竞争者竞相投标要把自己的广告打入太空，开广告上天之先河，而最终哥伦比亚电影公司花了 50 万美元才得以将影片广告送上天。只可惜，广告随运载火箭上天之后，只有寥寥无几的宇航员偶尔能看到，地球上的广大受众则没有福气一睹尊容，最多只能靠其他媒体间接了解，或就其本身制造出新闻效应。

另外一个典型例子是空中飞船。飞船是一个巨大的充气体，形状像船。广告主可将它飘浮在一个城市的上空，广告主在地面可以控制它的飘浮范围。在船体上面，可以做各种商品广告宣传，既醒目又新奇。在 1988 年汉城奥运会前，美国"柯达"彩色胶卷公司就曾将涂有柯达胶卷标志色的黄色飞船飘浮在异国上空。我国广州也曾出现这种空中户外媒体。

近来中国有一位科学家提出在月球上做广告的设想，将广告产品名称"写"在月球表面上，使得全世界的人们都能在皓月当空的夜晚看到产品广告。这也许将是广告界一件令人震惊的事，能否成功，人们正拭目以待。

### 三、各种电话步入广告媒体

电话从最初意义上的听觉系统的交通工具发展为各类信息包括广告信息的传播媒体，是一个必然趋势。加拿大一家电话公司，已经以家庭电话为目标，开创了电话广告业务。使用这家公司的电话系统，每当使用者拨完电话号码后，首先接通的是长约 4 秒钟的广告信息，如"某某百货公司七折大酬宾"、"某某餐厅即日起推出节日大餐"等，广告插播完毕后，通话线路才接通。据说这种超短广告颇受客户好评。

在我国，自改革开放以来电话的普及已有长足的发展。目前，许多城市（包括小城市）的住宅电话的装机率已高达 90%。为此，许多城市的电信局都建立了信息服务台，可以向用户提供诸如电影的场次、城市的饮食服务点、旅游路线等信息服务，这其实就是一种广告业务。

除了普通的有线电话外，当代最先进的通讯工具——"手机"正在异军突起。所谓"手机"是一种由移动点到固定点或移动点之间相互进行语言通话的新颖电话，有人称为"蜂窝电话"。近几年我国手机市场发展迅猛，几乎可以用人手一部来形容。

除了通话功能，环球移动卫星电话系统还可以用来传递文字信息。用户利用微型计算机，就可以通过这种电话的文字信息系统向地球上任何地方的人发送文字信息。1992 年 3 月初在日内瓦召开的世界广播管理会议，已经同意为环球电话留出一些无线电频率。此外，这种电话系统还具有追踪服务功能，可以帮助救援队找到遇险人员，帮助警察找到被盗的汽车，帮助出口商随时了解其货船的确切位置等。

可视电话也是电话家庭的一个新成员，用户只要在邮电营业处的公众可视电话机旁，就可以与世界各地进行图像和语言通信，还可以传输文字、图表等。这种可视电话还可利用程控数字电话实现三方会谈。可视电话的问世一改过去那种只闻其声、不见其人的状况，通信信息量大大增加，在用于广告方面，也更能让受众"耳闻目睹"。

### 四、广告媒体技术的多样化

广告媒体技术的多样化，主要表现在两个方面：一是媒体技术种类的多样化；二是大众化主要媒体技术的改进。

媒体技术种类的多样化，具体地表现在除四大媒体之外，发展出许许多多形形色色的广告媒体技术。到目前为止，广告媒体的种类，除了传统的广播、电视、报纸和杂志四大媒体以及电影、邮寄、户外广告、销售点广告外，随着现代通信技术的发展，衍生出许多新的媒体技术。这些新媒体技术，主要有网络、电话、录音、录像、图文传真、计算机通信、卫星通信、激光、电子广告牌、光纤广告、空中广告等。比如，光纤媒体利用光导纤维技术来传输广告信息的图像，这种广告形式比电子显示广告更具有图像清晰、色彩艳丽的特点。在一些发达国家的大城市中，光纤广告既起到传递广告信息的作用，同时又美化了城市。它们的发展，都是同现代电子技术的发展分不开的，是新的高科技成果在广告媒体中的应用。这种应用一方面开拓和发展了新的媒体技术，另一方面对原有的媒体技术进行了大幅度的改进。我们相信，随着科技的发展，还会有更多的新型广告媒体出现。

由于高科技的运用，在发展出新的媒体技术的同时，也发展了原有媒体的制作技术。摄影、摄像、制版及印刷技术的发展和改进，使广告媒体技术发生了质的飞跃。在这方面，最典型的范例是电视技术的改进，已达到日新月异的程度。

此外，近年来电子技术在广告测试方面也获得广泛应用，它使广告活动增加了科学性，为广告宣传效果的测定提供了客观依据，使得对广告效果的描述进入数量化阶段，使广告目标命中率更高，效果更加明显。

**五、新媒体广告潜力无限**

新媒体是相对传统媒体而言的，是继报纸、杂志、广播、电视等传统媒体之后发展起来的新型媒体形式，是依托网络技术向用户传播信息、提供各项服务的新型媒介形态，包括互联网媒体、手机媒体、数字电视等。从历史上看，每一种媒介的出现都深深影响和改变了人类社会，麦克卢汉认为媒介是人身体的延伸，新媒体的出现更是扩大了传统媒体在人视觉、听觉上所能延伸的范围，让人的耳目又为之一新。可以预见，诞生不久的新媒体，将会和它的"先辈"一样，深入到人类的政治、经济、文化以及社会的各个领域中，影响着人类的思维方式和生活习惯。从广告层面来说，新媒体广告主要包括以下几类：

（一）互联网广告

互联网最初由美国政府建立，其前身是 20 世纪 60 年代美国国防部尖端研究管理局（ARPA）资助建立的 ARPAnet 网络，该网络把美国的部分军事机构和学术研究机构的计算机连接起来，主要用于科学研究和学术交流。

研究人员为了能使不同的计算机系统之间相互识别，进行通信，建立了一系列的通信规则，通常称这些规则为"协议"。在这组协议中，IP（网络互联协议）和 TCP（传输控制协议）是两个最基础、最重要的协议。TCP/IP 协议是一个向社会公开的通信协议，很多网络公司为了自己的软件、硬件产品能够在网上推广应用，纷纷在自己的产品中加入对 TCP/IP 协议的支持，使 TCP/IP 协议逐渐得到了全社会的认可。

由于有了一个统一的通信协议，不同的网络用户能够很方便地在网络上传输各种信息，越来越多的计算机用户连入网络，从而促进了网络的迅速发展。互联网在中国的迅速发展则是原邮电部开始进入互联网之后。1995 年 10 月，原邮电部开通了中国公用互联网络——CHINANET，1996 年中国金桥信息网（CHINAGBN）开通。目前中国已经拥有中国公用互联网、中国金桥信息网、中国科技网和中国教育网、中国工程技术网五大骨干网。

进入 20 世纪 90 年代，互联网用户不断增多，互联网逐渐发展成为继报纸、杂志、广播、电视之后的第五大媒体。由于互联网网站众多，网上的信息非常繁杂，于是一种新的服务开始出现，很多网络服务商建立专门的网站为用户提供信息搜寻服务，从而成为网络的进入门户，这些网站访问人数众多，一些生产厂商看到其中的巨大商业机会，从而在网站上发布产品信息，由此诞生了一种新的广告形式——互联网广告。与此同时，很多具有实力的传统广告公司以及生产厂商建立自己的网站寻求网上商机，并在网络上发布产品信息和销售产品，众多企业的介入，极大地促进了互联网广告的发展。

在互联网广告迅速发展的同时，对互联网广告的学术研究则非常滞后。国外虽有各大广告公司成立了专门的"网络媒体分部"，但还缺乏专门研究互联网广告的学科，只有部分组织对互联网广告的形式进行过研究，国内这方面的研究更是缺少。人们在研究互联网广告时基本上是借鉴传统媒体广告的方法和理论，并据此指导互联网广告的发布和经营。由于互联网广告和传统媒体广告存在很大的差异，导致人们在认识和实践上的错误，从而影响了互联网广告的进一步发展。因此，有必要对互联网广告进行系统而又深入的研究，找出其特有的内在规律，以指导互联网广告的实践活动，达到推动其发展的目的。

由于互联网广告是一种推拉交互式的广告，即企业制作互联网网上广告（推动），用户选择广告（拉进），若用户对广告产生兴趣，可以进一步查询或直接在网上下订单（交互），企业在进行互联网广告的同时，可以开展网上营销。因此在研究互联网广告时，必须把网上营销与网上广告结合起来论述。

1994 年 10 月 14 日，是广告发展历史上值得纪念的一天。在这一天，美国著名的《Wired》杂志推出了网络版的 Hotwired，宣布了互联网广告的诞生。继 Hotwired 之后，很多传统的媒体也纷纷上网，如有线电视 CNN、《华尔街日报》都设立了自己的网站，刊载信息并经营互联网广告。与此同时，互联网广告的经营者也逐渐趋于多元化，一些提供网络搜索服务的网站，如 Yahoo、Infoseek 等，收入大部分来自广告。

在中国，近年来随着互联网的迅速发展，互联网的商业应用也呈爆炸性的增长。早在 1999 年 1 月，中国互联网络信息中心就发布统计报告显示，到 1998 年 12 月，在 CN 下注册的域名总数为 18 396 个，其中商业域名为 13 913 个，占域名总数的 75.6%。由此可见，商业应用在互联网中占绝对统治地位。正是基于这种情况，网上的无限商机吸引了众多的互联网服务商和生产厂家，他们纷纷建立网站，或提供信息服务，或借此宣传自己的企业形象并销售产品。国内的"广州之窗"、"搜狐"、"东方网景"等网站纷纷改变经营策略，向网络门户方向发展，在此基础上经营互联网广告，并取得了一定的成果。与此同时，中国一些有实力的企业也投入巨资，建立自己的网站，如海信集团、海尔集团等均建立了独立的网站。根据中国 DCCI 互联网数据中心的报告分析，从 2001 年起中国的网络广告呈现先平稳后迅猛的态势，特别是近年来连续多年呈现较高增长率。网络广告在发展过程中逐步超越了杂志、广播等广告收入，按照现有的发展趋势将于 2012 年前后超越报纸广告收入，成为仅次于电视广告的媒体。中国电子商务协会的报告显示，2011 年中国网络广告的市场规模达到了 446 亿元，同比增长 38.9%，网络广告的发展蒸蒸日上，随着中国互联网的进一步发展，必将有越来越多的企业进入其中进行电子商务活动，互联网将成为未来企业不可缺少的工具，互联网广告必将在企业的广告战略中占据重要的地位。

（二）手机广告

作为一种可以随身携带的电话终端，手机从诞生之日起就以其无与伦比的便捷性和互动性迅速得到了推广和使用，并在世界范围内获得了巨大的成功，引发了一场前所未有的"移动通信革命"。根据我国工业和信息化部（MIIT）公布的数据显示，截至 2011 年 11 月末，我国电话用户总数累计达到 12.62 亿户，其中移动电话用户总数达到 9.75 亿户；全国电话普及率达到 94.2 部/百人，其中移动电话普及率达到 72.8 部/百人。人手一部手机的梦想几乎已经成为现实，所以很多人认为，手机是继报纸、广播、电视和互联网之后的"第五媒体"。

世界上最早的一部手机诞生于 1983 年，是由通信业巨头美国摩托罗拉公司研究制造的。在这之后，手机的技术不断升级，前后共经历了四代技术的革新。第一代手机技术称为 1G 手机，又称为模拟通信移动电话，在一些早期的港台电视剧里经常可以看到的砖头外形的"大哥大"就是这一代产品。1G 手机外形笨重，不适合长距离携带，并且信号不稳定，保密效果不好，价格十分昂贵。第二代产品（2G 手机）最突出的进步在于完成了由模拟信号向数字信号传输的升级，GSM 和CDMA 网络相对模拟网络而言具有更好、更稳定的通信质量，各种手机应用程序也开始登陆手机。这一时期手机的价格和通信价格开始大幅度下降，手机不再成为有钱人的象征，在全社会范围内得到了广泛的应用。第三代手机也是如今十分热门的3G 手机，是互联网技术和以往的数字通信技术有机的结合，能够大大提升手机的功能。借助于互联网技术，手机可以处理包括文字、图像、音乐、视频在内的各种媒体文件，在网络覆盖的范围内人们可以利用手机随时随地上网。在这一时期智能机是手机的主流，类似于个人电脑，智能机是一种包含了 CPU 和独立操作系统的手机，这种手机可以随时下载和安装第三方软件，极大扩展了手机的可玩性。可以说，科技的进步和人们对手机愈来愈高的要求直接催生了智能机的诞生，而 3G 通

信技术为智能机提供了更为牢固的基础。最新一代手机称为 4G 手机，它是融合了
3G 和 WLAN 技术于一身的新型移动通信手机。借助于 4G 技术，手机可以达到
100Mbps 的下载速度，可以随时随地收看高清晰度的视频文件，或者下载大容量的
文件和资料，轻松完成各种任务。作个形象的比喻，如果说 2G 是乡村小道，3G
是省道和国道，那么 4G 就是高速公路了。

手机在诞生之初仅局限于人与人之间的交流，个人通话和短信的隐私性使用很
难让广告商从中谋利，手机广告的形式也局限于手机短信这一种，"××楼盘金秋
热卖，机会不容错过"、"××旅行社特举办新马泰 8 日游优惠活动，数量有限，
赶紧报名"等广告短信随处可见。这种短信广告虽然对他人的生活造成了一定干
扰，但优点在于内容简单，覆盖率高，成本低，至今仍是手机广告最常见的形式。

随着手机技术和通信技术的不断升级，手机开始搭上互联网的快车，逐渐具备
了新媒体的特性，这也标志着手机从私人领域走向了大众传播领域，广告商的又一
个春天到来了。原则上说，各种类型的互联网广告在手机上都可以采用，比较常见
的手机广告有 WAP PUSH 广告、手机客户端广告、WAP 广告、彩铃广告等。根据
艾媒咨询（iimedia research）数据显示，2006 年全球无线互联网广告市场规模为
3.7 亿美元；2008 年全球无线互联网广告市场规模达到 7.8 亿美元。他们同时预
测，到 2013 年全球无线互联网广告市场规模将会突破 110 亿美元的规模，而中国
的无线互联网广告总体规模也将达 87.4 亿元。手机用户的巨大数量给了手机广告
充分的发展空间，相信在今后很长一段时间内，手机广告的发展也将取得长足的
进步。

（三）数字电视广告

数字电视是指电视节目从摄制、编辑、发射、传输、接收等环节均采用数字技
术的电视系统，是在黑白电视、彩色模拟电视之后的第三代电视系统，它可以为观
众提供上千余可供选择的频道，大大丰富了电视观众的选择。

数字电视最大的优势在于其节目制作和传输的全程数字化，在数字技术的保证
下，数字信号的传输速率可以达到每秒 19.39 兆字节，这意味着较之于传统电视，
相同时间内可以输送更多的数据信息，大大增强了电视画面的清晰度，接近宽荧幕
电影的标准。同时，数字电视允许在传输电视节目的过程中同时存在几种制式的信
号，它们之间互相不干扰，可以满足不同业务的需要，充分提高了信号传输的利用
率，形成综合业务网络。相较传统电视而言，数字电视克服了原有模拟信号信息量
小、信号不稳定的缺点，将全程电视信号转换成 0 和 1 的数字流，利用数字压缩、
数字编解码、数字纠错等多项先进技术，保证了数字流传输的稳定性、高速性和高
效性。同时，借助互联网技术，数字电视将会向着高级发展阶段——数字互动电视
发展，和传统电视相比，受众不再作为被动的接受者，而是可以利用数字电视完成
视频点播、视频回看、互动购物、互动娱乐等在内的多项活动，极大地丰富了数字

电视的功能，满足了电视受众多元化的需要。

数字电视自出现以来就受到了世界各国的重视，很多国家都开始进行全国范围内数字电视的推广。荷兰早在 2006 年 12 月就完全停播了本国的模拟电视信号，成为全球第一个普及数字电视的国家，英国、法国、美国等国家也逐步完成了模拟节目的关闭。在我国，早在 20 世纪 70~80 年代就开始高清电视的研究，很多科研单位纷纷参与 HDTV 相关的课题，并于 1994 年 11 月成立了"高清晰度电视开发小组"来开展高清晰数字电视的研究计划。经过数年的发展，我国的数字电视技术得到了长足的进步，并于 1999 年国庆阅兵时采用了"中国 HDTV"制式的高清数字电视系统进行转播，这是我国电视技术发展历程上的里程碑。2003 年 6 月，国家广电总局根据《广播影视科技"十五"计划和 2010 年远景规划》，制定发布了《我国有线电视向数字化过渡时间表》，将我国的数字电视发展划分为四个阶段，预计到 2015 年基本实现全国范围内的数字电视广播，80% 以上的家庭使用 HDTV。

新媒介平台的出现必然导致商家和广告商的竞相进入，数字电视同样如此。数字电视广告是伴随数字电视应运而生的产物，是广告主以数字电视作为中介，向数字电视受众提供产品和服务信息，从而达到促进产品销售，提高企业形象的一种传播活动。数字电视广告将拥有高清化和互动化这两方面的优势：一方面，得益于数字电视高品质的节目质量，数字电视广告的质量也将提高一个层次，高清晰的画面和 CD 般优质的声音将很大程度上提升广告的美感，加大广告对消费者的吸引力；另一方面，借助数字电视的互动性特征，受众可以根据自己的需要选择与广告的互动方式，比如在看到一则广告时，受众可以暂停、快进或者回播广告，甚至能够对产品画面进行选择和放大，从不同侧面来感受产品。同时，通过数字电视交互技术，数字电视可以精确地记录下不同家庭成员的收视习惯，从而利于广告主针对不同人群，在不同时段投放更为精准的广告。

总而言之，数字电视的时代是一个讲究分众化、人性化的时代，针对不同人群的需要制定和投放更为精准的广告，突出广告受众的主体性和互动性，是数字电视广告发展的核心。根据尼尔森公司的不完全统计，2012 年全国数字电视广告市场规模约为 4 亿元，2013 年这一数字有望达到 10 亿元。虽然电视广告这些年来的发展受到互联网广告以及其他媒介广告的不断冲击，但电视广告仍然占据着广告收入的头把交椅，其影响力不容忽视，数字电视的加入必将让长期受到挑战的电视广告焕发新的生机，并掀起新一轮的数字电视广告热潮。

# 第三章　广告媒体的特点

从报纸、杂志、海报，到广播、电视、网络，各式各样甚至五花八门的新媒体不断出现，虽然它们有各自的发行目的与发生背景，但都因能将广告信息传给广大的受众，使得广告主的媒体选择机会大大增加。而由于媒体的类型不同以及传送、接受的时空差异，都将使广告信息的传播效果南辕北辙。因此，了解媒体特别是了解不同广告媒体的优势与弱点，熟知各种媒体特性的程度，直接关系到广告活动的成败。只有对各种广告媒体有一个十分清晰的概念，把握各种媒体的特性，并广泛应用于广告策划活动中，才不至于陷入盲目的境地。

## 第一节　五大广告媒体的特点

### 一、报纸媒体

报纸是最古老也是最主要的广告媒体之一，它与杂志、广播、电视同被看做是传播广告信息的最佳媒体，常被称为四大传统媒体。虽然报纸广告的收入早已低于电视广告，但因其自身具备许多难以取代的优秀属性，目前报纸仍是世界上公认的最主要的广告媒体。

（一）报纸的优势

（1）传播面广，传播迅速。报纸发行量大，触及面广，遍及城市、乡镇、机关、厂矿、企业、家庭，有些报纸甚至发行到海外。同时，由于报纸可以互相传阅，因此看报的人数大大超过报纸发行数。此外，报纸一般都有自己的发行网和发行对象，因而投递迅速、准确。报道新闻，这是报纸的主要任务，所以传播速度的快慢在某种程度上决定了报纸自身的命运。国外有些报纸甚至能报道当日的重大新闻，一天要出早、中、晚三个版次的报纸。新闻报道速度带动着广告信息的传播速度，保证了广告宣传的时间性。

（2）报纸版面容量大，篇幅多，可登全页整版广告，所以凡是要向消费者作详细介绍的广告，利用报纸做广告是极为有利的，且可造成相当大的声势。

（3）报纸具有特殊的新闻性，将新闻与广告混排可增加广告的阅读率。

（4）权威性的报纸增加了消费者对其广告内容的信任感。

（5）报纸广告的编排、制作和截稿日期比较灵活，所以对广告的改稿、换稿和投稿都比较方便。

（6）报纸广告便于保存和查找，无阅读时间限制。

（7）报纸广告费用较低。首先，报纸本身售价低，人人都买得起；其次，报纸广告费用相对较低，发行量越大，分摊在每张报纸上的广告费用就越低。

（8）选择性强。报纸是定期刊物，广告主因此可以制定相应的媒体实施策略，既可大规模集中发布广告，又可发布单则广告，也可发布系列广告。同时，综合性报纸和专业性报纸不同的读者结构，也给广告主对宣传对象的选择带来方便。

（9）文字表现力强。报纸版面由文字构成，文字表现多种多样，可大可小，可多可简，而广告文亦可有多种表现，说理式、感情式、诗歌式、散文式等，不拘一格，又可以图衬文，图文并茂，还可套色，引人注目。

（二）报纸的劣势

（1）时效性短。报纸的新闻性极强，因而隔日的报纸容易被人弃置一旁，所登广告的寿命也会因此大打折扣。

（2）报纸广告易被读者忽略。报纸广告强制性小，读者经常随意挑读感兴趣的内容，越是内容丰富、好新闻多，就越易造成挑读现象，造成广告浪费。

（3）无法对文盲产生广告效果。

（4）现代人的生活节奏很快，无时间详细阅读，加之由于版面限制，广告拥挤，使人感到眼花缭乱，更无心主动地接受广告诉求了。

（5）缺乏动态感、立体感和色泽感。报纸媒体因纸质和印刷关系，大多颜色单调，插图和摄影不如杂志精美。

（三）报纸广告的表现形式

1. 文字表现形式

文字表现形式是报纸广告最主要的表现形式。文字表现可以详尽、细致地介绍产品或企业的各方面情况，信息量大。

报纸广告中的文字，除了其内容要切实、形式要多样外，文字的安排、字体规格的适当组合变化也大有文章可做。如布告、启事等往往不需要图案和照片，但只要内容写得好，加上文字编排和画面墨白疏密关系处理得当，仍能最大限度地引起读者的注意。

2. 插图的表现形式

我们可以以一幅插图为例来分析插图的表现形式。该图是一幅以图为主、文字为辅的报纸广告，由德国某公司制作，题为《找伙伴》。这是一个网络公司的广告，创作者用电脑绘制了一男一女的头像，男的满口牙中独缺两颗门牙，而女的则满口只有两颗门牙，意即两人正好相合。广告的用意是表示该网络公司能为你找到合适的商业伙伴、人生伴侣等，看后让人不禁哑然失笑，且兴趣盎然，从而达到了过目不忘的效果。

3. 抽象的表现形式

抽象的表现形式是将广告的设计形象经过提炼和概括，使其以具象的形态转化为抽象化的形态，运用几何点线面的造型要素和抽象情感，表达广告的宣传意念，这种表现是一种从写实到意象的变化，可以赋予寓意、象征、隐喻等思想内涵，对于表现特定的广告主题，有不可忽视的表现价值。抽象的形态是一种高度形式化了的、寓含美感的表现形式，形简意深，能更巧妙地表达主题的特征，给人以联想。

4. 系列的表现形式

为了使某一产品能持久地保留在消费者的记忆中，有些企业往往集中几个基本要素，按一定规律使之反复地出现在有关广告中。而每一次广告的画面又总是在一个消费者熟悉的基调下尽可能变得生动多样。这些广告形式的重复出现，能加深消费者的印象，日久天长，不易磨灭，这就是所谓系列广告。

### 二、杂志媒体

从广告经营额上看，杂志媒体在四大传统媒体中排第四位。杂志不像报纸那样以综合性新闻为主，而是分门别类，每一种类型的杂志都有自己比较特定的读者群，因而是做各种专用商品广告的良好工具。

（一）杂志媒体的优势

（1）时效性长。杂志的阅读有效时间较长，可重复阅读，好的杂志不仅被人传阅、借阅，而且在相当一段时间内具有保留价值，因而在某种程度上扩大和深化了广告的传播效果。

精美生动的广告摄影，往往能伴随杂志保留时间的推移而不断地冲击读者的视觉。

（2）针对性强。"针对性"有两层意思：一是"对症下药"，根据每种杂志的特定读者群，进行适合他们心理的广告设计，其中包括诉求方式是以理喻人还是以情感人？抑或是两者并用？表现形式是抽象的、具体的，还是雅俗共赏的？颜色要浓还是要淡？文字表达要高深一点还是浅显一点？二是针对专业性杂志行业特点做专业商品广告，如选择医学类杂志做医疗器械广告，选择美术杂志做绘画用品的广告……把好"钢"用在"刀刃"上，无形中节省了大量的广告费用。

（3）印刷精美。同报纸相比，印刷精美无疑是杂志媒体目前或在以后相当一段时间内最大的优势。显然，由于印刷精美，产品形象会更加逼真，这时产品往往能自己站出来说话，减少文字上的浮夸，产品形象会给读者带来视觉上美的享受，或许因此还会给读者带来心理上的认同。

（二）杂志媒体的劣势

（1）出版周期长。杂志的出版周期大多在一个月以上，因而时效性强的广告便不宜在杂志媒体上刊登。况且杂志媒体的定稿和截稿期限比较严格，也不便于根据多变的市场行情调整广告策略。

（2）声势小。杂志媒体无法像报纸和电视那样造成铺天盖地般的宣传效果。杂志尽管印刷精美，但版面有限，有如小家碧玉，做不出大户人家的铺张。

（3）印刷复杂，更改和撤换都极不方便，成本费高。

（三）杂志广告的表现原则

杂志属于印刷媒体类，因而其表现形式和报纸广告差不多，但也有其特殊性，就是杂志广告以摄影照片（特别是彩色摄影照片）为主要表现形式进行广告平面设计。当然，绘画和文字也是杂志广告的两个重要方面。

（1）力求广告商品的清晰完美。当商品清晰完美得像实物似的展现在面前时，总是能在某种程度上加快消费者做出这种或那种选择的速度。最理想的效果是："太棒了，我得买一个。"另一种效果也不错："等我有钱了，一定买它一个。"

（2）注重艺术表现。广告是一门学问，但广告必须侧重艺术表现，与艺术联姻。杂志是个媒体，像"红娘"，能为广告登上艺术舞台提供最便利的条件。

有一幅日本佳能复印机的广告，画面上不是复印机，而是一盘鲜艳夺目、呼之欲出的草莓，一把叉子想叉起盘中精美的草莓，不料却损坏了精美的画面……没有过多的文字，却巧妙地暗示了佳能复印机逼真的复印性能。独到的艺术构思，使完全可能会流于一般的复印机广告立即变得不同凡响，耐人寻味。

（3）不拘格式。就杂志媒体和报纸媒体而言，杂志媒体还有一个大有文章可做的功能，那就是利用夹页来夹带一些读者意想不到的东西，如折叠起来的跨页广告（打开后可能会比杂志本身宽1倍、2倍甚至4倍）、实物广告和馈赠广告。

如果在跨页广告上是一辆横穿几页的大轿车等商品图片，读者肯定会在惊奇之余仔细观看，甚至还会有人把它小心地撕下来贴在自己的床头。广告效果可想而知。

实物广告夹于杂志之中的做法，在国外早已盛行。例如，为了推销真皮制品的厂家竟在杂志中夹了一页真皮，文字广告就印在真皮上，让读者真正领会了什么叫货真价实。甚至一些纸尿布的厂商，还把尿布样品裁成杂志大小的模样，夹在杂志中，使其成为杂志的一页，劝说读者不妨给小孩试一下其吸尿功能。

杂志的插页之所以越来越被广告主看好，就是因为它的自然跨页，大而精美的图片广告经常印在插页上，尤其是新年临近时的月刊杂志，广告主往往还在广告的某处印上新一年的年历，并写上吉祥的新年贺词。假若把订书针拆下，插页仍是完整的一体，这对广告主和读者来说都是幸事，何乐而不为。

### 三、广播媒体

广播媒体是一种声音媒体，它是传播广告信息速度最快的媒体之一，是广告主及企业经常选用的一种传播媒体。它通过无线电系统，把广告信息变成各种声音，如语言、音乐、音响、实况等，传送给听众。

（一）广播媒体的优势

（1）利用电波传播信息，每秒钟行程 30 万公里。另外，口播的特点使信息和传播程序简化，从收到信息到传播出去，即写即播，完成速度最快，适合发布时效性极强的广告。

（2）传播范围广泛。首先是空间上，不论是城市或农村，不论在陆地、海洋或空中，室内或室外，电波所及之处，都能收到信息，覆盖面大于电视。其次是时间上，早、中、晚几乎全天候式地播出，能适应听众的各种作息时间。再次是听众范围广泛，广播广告通俗易懂，不受文化程度限制，因而听众几乎是全民性的，不同年龄、职业和性格、身份的人（即使文盲）都能听懂。从这一点上说，广播电台覆盖面也远大于报纸。

（3）费用低，制作简便。同电视相比，广播广告制作简便，投入的人力少，耗费低，不需场景和道具，能节省大量的资金，极适合中、小企业及个体户等无庞大广告开支的客户。

（4）最具灵活性。广播广告说改就改，较之报纸方便迅速，因而能根据市场行情的瞬间变化及时调整广告内容。

（5）亲切感人。较之其他媒体，广播媒体更具人情味，是一种名副其实的"劝说"艺术，特别是由广大听众所熟悉和喜爱的播音员播广告，更有一种说不清的感情色彩夹杂其中，仿佛是面对面的交流，让人感觉到她（他）就在与你说话。在冷酷的商品社会里，人情味是金钱所不能买到的。活生生的语言较之文字和图画更容易表达感情，也最易给人以美好的想象。

（二）广播媒体的劣势

（1）有声无形。没有视觉形象，言之无物，易让人觉得空洞，特别是外观极为重要的商品，如服装、家具等，不易使消费者产生立即购买的冲动。

（2）转瞬即逝。大部分的广播广告都时间较短，吐字较快，未等听众听清或者领会便很快过去。

（3）不易查存。除非你当时就记录下了广告里的某些不易记忆的内容，如电话、地址等，否则你很难再查找出曾听过的广告里的关键词句。

（三）广播广告的几种类型

1. 普通广告

普通广告即正常播放的广告。分为黄金时间广告、非黄金时间广告和随时插播广告。黄金时间广告为甲级收费标准，主要安排在听众收听率最高的时间播出，如早晨上班前、中午吃饭时和晚上下班后，时间比较固定。非黄金时间广告为乙级收费标准，大多在听众不怎么集中的时间播出，如凌晨、上班后。随时插播的广告则相对较为游移不定，不能造成较大的广告声势，因而费用较低，属丙级收费标准。

2. 特约广告

特约广告是由广告客户特别约定播出的广告。主要有两种：一是必须严格按照广告客户的要求在规定时间里播出，如我们经常在广播中听到"××表提醒您准确对时"，这类广告比较独立，前后没有其他广告影响，效果强烈，但收费较高。二是由广告客户选定在某些听众比较喜欢的精彩节目间播出，听众多而集中，针对性较强，效果好，因而收费也比较高。

3. 赞助广告

由客户出钱或出物赞助广播电台举办节目或组织社会活动，在节目中插播客户的产品广告或厂名、店名。赞助广告虽也有独家赞助的，但大多是由几个单位联合进行。赞助项目一般有社会公益赞助，如爱熊猫、修长城、捐助希望工程等，还有各种有奖知识竞赛赞助、电台重要节目的转播赞助等。赞助广告一般不收或少收广告费，电台一般也不通过赞助广告赚钱。

4. 专栏广告

由广播电台安排固定时间广播专栏节目，并插播广告，如药品专栏广告、农机产品专栏广告、文化活动专栏广告，使有关的广告对象能按时收听。

### 四、电视媒体

在四大传统媒体中，电视的发展历史最短。1936 年，英国出现了世界上最早的电视台。然而几十年间，电视事业发展迅速，如今已在世界上大多数国家普及，成为当代最有影响的传播媒体。

电视媒体在中国的发展历史相对更短一些，1958 年才在北京创办了我国第一座电视台，然而发展非常迅速，1973 年开始试播彩色电视至今，看电视已成为中国各阶层大众日常生活的一部分，电视观众的人数及收视率居世界首位。

电视媒体是一种特殊的传播媒体，它能充分利用语言、文字、音乐、舞蹈、绘画、图像、雕刻、建筑、戏剧、电影等各种艺术表现手法，集时间艺术、空间艺术和综合艺术形式于一身，声形兼备，视听结合，具有极强的感染力，因而备受广告客户的青睐。

（一）电视媒体的优势

第一，电视既能听又能看，可以让观众看到表情和动作变化的动态画面，生动活泼，别开生面。电视可以进行文字说明，也可以展示实物，介绍使用方法，宣传使用效果，加之利用各种艺术手段作辅助，有利于人们对产品增加了解，尤其在突出商品诉求重点方面，是任何其他媒体难以匹敌的。

第二，我国一般的家庭大多是全家看一台电视，这种状况有利于全家一起讨论广告商品，发表见解，容易做出购买决定。特别是有购买决定权的大多是家庭主妇，她们在家里看电视的时间比看报刊的时间相对多一些。

第三，我国的电视台特别是中央电视台在人民群众中享有很高的声望，电视所传播的广告信息总是能得到大多数人的信任。

第四，影响巨大，极受重视。常听人说这个电视广告如何好，那个电视广告如何差，但很少有人对其他的媒体广告大发议论，这说明人们对电视广告的重视程度远比其他媒体广告高。

（二）电视媒体的劣势

第一，查阅困难。同广播广告一样，电视广告转瞬即逝，难以一次性地在观众中留下清晰、深刻的印象，而且无法查存。

第二，容易被转换频道。随着电视频道的不断增加，广告如果做得不精彩，观众就会转换频道。而且现在是遥控时代，换频道只是举手之劳，因而电视广告的收视率要大大小于电视节目的收视率。

第三，费用昂贵。租用电视媒体做广告，主要以租用时间的长短和次数来收取租金，所以每秒钟的时间都价值千金，这使得电视广告在播放次数和广告内容的详细解释上都有了限制。另外，电视广告的制作费用也让人望而生畏，演员、编导、道具、场景安排等都要大笔花销，所以中小型企业一般都无力负担，不利于电视争取中小型企业的广告。

第四，制作复杂。电视广告大多制作复杂，制作时间相对较长，因而时间性很强的广告往往无法利用这一手段。

（三）电视广告的表现形式

1. 演员直陈式

演员直陈式就是请一个演员眼睛直视镜头，向观众真诚热情地介绍产品或服务。这种形式很像广播广告，只不过他（她）不是对着麦克风而是对着镜头面向观众，而且可以手拿商品或在其面前放有商品。这是电视广告中常用的形式。

在这种形式里，演员是关键。用男演员还是女演员？穿什么样的衣服？用什么样的口吻？可爱型的还是权威型的？室内还是室外？当然，这就要看广告的诉求对象是谁，根据商品的用途和特点而定了。

2. 名人推荐式

名人推荐式就是利用名人的社会影响来扩大广告产品的知名度，但并不是所有的名人都能在电视广告中表现好自己，而导演又不好意思过多地指点或者换人，所以名人推荐式的关键取决于对名人的选择。况且名人的声望就是本钱，需要付巨额资金作为酬劳。

但名人说的话毕竟是有影响力的，因而对广告主的诱惑力也越来越大。但对广告主来说，请名人一定要注意其职业背景，因为名人有两类，一类是政界、经济界和科技界的权威，另一类是文化界、体育界等方面的明星，所以推荐的商品最好与该名人的职业有一定的关系。

**3. 情节式**

它是类似短剧的一种形式，在情节中引入产品广告，让产品的性能、特点随情节的展开而得到说明。目前我国电视广告中这类形式逐渐增多，表明了电视广告工作者制作水平和创意的提高，同时反映了大众在接受商品信息的同时也需要美的享受。

**4. 动画式**

假如你的创意需要夸张、幽默或出现奇幻景观，那么动画的形式就能较充分地将其表现出来，给人以十分宽广的视听表现范围。动画式电视广告尤其在产品内部构造的图解方面占有优势，许多生活中观察不到或深奥复杂的原理（如机械原理、病理、维修或治疗、保养等），利用动画来进行图解就会变得一目了然。

目前，随着电视技术的迅猛发展，"三维动画"也被引入了电视广告的行列，这是一种高级的动画表现形式，具有立体感强、效果逼真的魔幻般效果，使人仿佛置身于未来世界和太空时代中，但三维动画制作复杂，技术性高，没有先进的设备和专业人员是无法办到的；且制作费用昂贵，令中、小企业不敢问津。

**5. 音乐式**

它主要以一段乐曲或广告歌配合产品服务画面，只配简短解说词及字幕（甚至两者都不要）。音乐式电视广告适合表现一种服务观念、企业宗旨或对观众所熟悉的品牌、企业进行形象上的提升。音乐式电视广告一定要画面优美、曲调动听且富有特色，使人百看不厌，百听不烦，这样才能达到预期的效果。

**6. 字幕式**

字幕式就是以字幕为主（甚至从头到尾打字幕）配旁白的表现形式。这种形式在前些年比较普遍，是电视广告中最为原始初级的表现形式。尽管如此，字幕式广告目前仍不时地出现在电视屏幕上。

字幕式电视广告制作简单、方便灵活、费用低廉，适合销售预告、服务预告、启事等，但画面、音调乏味，旁白迅速，文字繁杂，感情色彩方面有时甚至不如广播广告。

电视广告的表现形式很多，每种形式各有特点，所以一则优秀的电视广告往往是各种形式的综合运用，不管采用什么形式，都要从产品的内容出发，形式为内容服务，否则就会造成喧宾夺主或给人以华而不实和牵强之感。

**五、互联网媒体**

近年来，数字技术、电脑、互联网和多媒体等信息传播新技术、新媒介以越来越快的速度更新换代，广泛进入人们的日常生活，引发了一次意义深远的信息传播革命，对传统媒介形成巨大冲击，成为继报刊、广播、电视之后的"第四大众传媒"。存在产生于需要，互联网作为"第四大众传媒"，能在短短数年内迅速普及，对旧媒介形成强有力的冲击，说明旧媒介在满足人们对信息丰富性、及时性、言论空间的要求方面存在差距。2001年1月17日传来消息，网络巨头美国在线收购世界最大的媒体公司时代华纳公司。这似乎意味着全球媒体产业的权杖从以报刊、电视为代表的传统媒体移到了以互联网为代表的新型媒体中。

网络的发展重塑了整个社会文化生活的结构模式，其高速、大容量、交互式、全息性的特点，为大众传播的发展带来了新的契机，也为广告媒体展示了新的舞台。

（一）网络广告的优势

第一，成本低。与其他媒体广告相比，互联网广告成本极低。在产品的生命周期日益缩短、技术日益复杂、市场多变的今天，这一特点有着重要的意义。目前，世界上大型的计算机公司和软件厂商大多建立了在线的 FAQS，用来解决客户的售后服务。如 Microsoft、IBM、SUN 等均建立了网站来进行广告宣传和售后服务。在此之前，这些公司要花费大量的印刷费用、售后服务人员培训费用来提供售后服务。

创建和维护一个站点的费用根据要求的不同差别很大，一般来说，企业建立一个站点的成本取决于企业选择提供信息内容的形式。企业建立网站有三种基本的选择：一是内容免费。企业站点的信息内容对用户是免费的，企业的投资通过接收信息的顾客购买其产品得到补偿。这些信息在较长时间内将有助于增强企业形象效应，并提高其产品销量。但是互联网用户在浏览内容或广告时，仍需付电话费。这意味着企业必须提供能吸引用户的内容，否则互联网用户不会访问该企业的站点。二是全部免费。全部免费比内容免费为互联网用户提供了更多的优惠，企业不仅为用户提供免费信息内容，还通过为用户支付电话费、提供回扣或赠送商品来吸引访问。三是内容收费。对有些信息提供商来说，当用户访问其站点查询信息时，他们要向用户收取一定的信息服务费。目前中国的互联网服务商大多采用此种收费方式，如东方网景、瀛海威等。

除建立自己的网站进行广告营销外，经济实力不够雄厚的企业还可租用互联网服务商的空间。如以每千人成本来衡量，在美国，据美国互联网广告管理署（http：//www. IAB. net）提供的数据，互联网广告千人成本约为 1 030 美元。而传统媒体，如电视每千人成本在 500 美元以上，杂志和报纸则是 400 多美元。在中国，互联网广告的每千人成本更低，为 15~20 美元。

广告宣传的目的是为了促销产品，而促销产品的最终目的是为了获取利润。由于近年来传统媒体广告价格不断上涨，造成商品销售成本上升，使得企业获取利润的空间越来越小。与传统媒体广告相比，互联网广告的成本极为低廉。在传统媒体上发布广告很难更改，即使可以更改也要付出较高的费用，而互联网广告可以随时更新，且花费很小。

第二，易统计。互联网广告在统计方面具有较大的优势。目前，网络服务器大多设有访问记录软件，广告主通过这些软件可以随时获得访问者的详细访问记录，并且可以随时监测广告的投放效果，调整市场策略。广告服务商则可以利用这些统计数字进行分析，并据此确定收费标准。

第三，易反馈。互联网公司浏览者可以方便地在线提交申请表，向厂商请求咨询或服务，可以随时通过文字、图像、声音等方式向服务商提出自己的意见和要求，服务商也能够在很短的时间里收到反馈信息，并根据访问者的要求和建议及时回应。

平面媒体、电波媒体虽可通过读者回函、热线电话进行互动，但平面媒体的读者不能及时获得回应，电波媒体虽然可通过热线电话及时作出回应，但却多是一对一的，主持人在一个时点上一般只能接进一个热线电话，其他人则无法同时参与。

第四，易修改。传统媒体的广告一经发出就很难进行更改，除非等到下一轮发布才能进行，时间跨度长，花费巨大。和传统媒体广告不同，网络广告可以随时根据广告主的需要进行修改，修改后只需重新刷新网页即可，速度快，成本低。

第五，指向性高。传统媒体的广告多为全覆盖广告，覆盖面过大，广告依附的媒体覆盖怎样的受众，广告也就投向这一类的受众，很难进行精准投放和分众投放，针对性不强。网络广告的优势在于其独特的指向性，可以针对不同的目标人群投放不同类型的广告。在网络上，经常浏览同一网站的受众会在年龄、性别、职业、习惯、教育水平、个人爱好等方面具有相似性，他们对广告的兴趣点也会类似，因此广告主也可以按照产品的特点进行分众投放，进一步缩小和精确化投放目标，实现广告的定向传播。除此以外，在网络社区、电子邮件、网络游戏、网络视频等网络应用中，同样适合广告主投放具有针对性的广告，提高网络广告的传播效果。

（二）网络广告的劣势

第一，网民地域分布失衡严重。由于世界各地的教育普及程度不同，互联网技术开发应用的水平差距很大，互联网还存在较大的地域差异性，互联网广告也大受影响。根据百度统计研究院的研究数据显示，截至 2012 年 2 月底，广东省和东部沿海地区的网民集中程度较高，网民访问量占比前三位的省份分别是广东省13.57%、江苏省 7.40% 和浙江省 7.32%，而我国中西部地区的网民集中程度较低，甘肃、宁夏、青海、西藏等省份的网民访问量占比分别为 0.77%、0.29%、0.19%和 0.05%，东西部差距很大。另一方面，根据 CNNIC 发布的《第 30 次中国互联网络发展状况统计报告》显示，截至 2012 年 6 月底，我国农村网民的规模为 1.46亿，占整体网民的 27.1%，城乡之间的差距仍然显著。由此可见，网民地域分布的失衡也意味着网络广告覆盖面的失衡，相对传统媒体的广覆盖面而言网络媒体落了下风，如果企业要面向大众市场进行全国性宣传，只用互联网这一种媒体是不够的。

第二，测量手段尚不可靠。企划如何在互联网上测量广告的效果，是亟待解决的一个问题。目前，企业主要通过自己站点的计算机服务器测量站点被点击的次数。但这只能相对测量网民接触率，因为对网络服务器的任何一次请求（包括站点上的按钮、图画被用户点击），都在站点上被记录为"击中"。因此，击中并不能反映访客人数或网页被看的真正次数。许多人击中图标只是出于好奇，这并不表明他们真正看了企业的站点，他们可能只是匆匆而过，根本就不在站点花费任何时间。

（三）网络广告的表现形式

目前，互联网广告的形式主要有三种：第一种形式是在互联网上建立介绍公司及产品的网站，由感兴趣的用户自己来调阅这些广告，这种形式需要花费大量投资；第二种形式是向互联网广告服务商租用空间，自己进行广告运作，广告效果不明显；第三种形式是在热门站点上做旗帜广告，这种形式投资最少，效果最佳，是互联网广告运用最多的一种形式。

1. 网站的推广

在互联网上广告传播是一种推拉交互式的传播。推拉交互是在互联网这一特殊的媒体环境中企业向用户传递产品或服务的信息和一种战略。企业制作互联网广告（推动），用户选择（拉进），若用户有进一步的兴趣，便可以发电子邮件给企业（交互），还可在网上订货。

互联网上的企业信息被放在企业的站点上，便于用户随时主动选择站点。因此，互联网广告策略的关键是如何吸引网络用户访问企业的站点。

美国的 Hoffman 和 Novak 指出："通过多媒体计算机环境自主活动的过程向消费者提供信息，在这一过程中消费者有了无限的选择自由和其他任何媒体都不能提供的控制权。用户可以根据自己的需求在互联网上查询广告。"这意味着企业必须改变他们过去的信息传递方式，考虑如何在互联网上引起顾客的注意及他们应提供什么样的广告等问题。

企业在互联网上做广告的目标是促销产品或服务，为达到这一目标，企业必须同时考虑能为互联网用户带来哪些附加的利益。企业在做互联网广告时，应考虑到大多数用户并不是仅仅为了看看广告而访问该网站。因此，设计互联网广告的主要挑战是确定如何吸引并长期留住互联网用户。

在使用互联网进行促销时，企业首先应使用户知道站点的存在，这样才能吸引访客。但是由于互联网站点众多，信息杂乱无章，使得信息查询有时变得困难而又混乱，因此必须采取必要的策略来吸引访客。目前，企业站点吸引用户访问的策略主要有五种：标题广告、商业中心、搜索引擎、利用传统媒体、口碑，它们既能单独使用也能合用。

标题广告是放置在流行站点上的有关企业信息的标题。当互联网用户在浏览站点时，如对标题发生兴趣，可通过点击该标题来查看更详细的信息，通过这一点击过程，用户通常被带到发布该广告的企业站点。

互联网用户在网络内浏览信息时，还没发展到可以准备"跳跃"的地步。为了精确地瞄准那些可能访问的一个或一组特定站点，并可能与企业的产品或服务密切相关的人，企业可以在网络内选择一个位置，而这一位置是企业产品或服务的潜在用户经常光顾的地方。这一方式可使点击率提高到8%~13%，甚至更高。

购买标题广告的要领与购买传统媒体相近。娱乐广告应放在经常被浏览者访问的热门网站或娱乐站点上。信息站点的标题广告应与搜索引擎特定产品（服务）的商业中心放在一起。工业类产品广告应放在行业协会的站点上。

互联网上的商业广告中心包括数百个在线商店。由于其供货方式的多样性，这种商业中心可以吸引大量访客。消费者在这里可以同时选择几种产品和服务。这种方式比较适合消费品生产企业的站点广告。

搜索引擎是指在互联网上帮助用户依据分类或关键词快速查找信息的工具，它是由一些专业计算机网络公司建立并以站点的形式向用户提供信息查找服务。如搜狐公司的"搜狐" http：//www. sohoo. com. cn、广州网易计算机系统有限公司的"yeah"搜索引擎 http：//www. yeah. net，它们使用户可以方便地找到自己要寻找的公司、品牌或产品分类。

要想使人们知道站点的存在就必须利用传统媒体进行宣传。公司站点的地址应该融入从商业名片到电视广告等的一切宣传媒体中，这将增强站点的形象，并让人容易记起公司的网址。例如，海尔公司在进行各种广告（包括报纸广告、电视广告）时均强调公司的网址。

开放的社区、高度的参与，加上分享信息的兴起，使得互联网成为一个交流信息的最佳场所，用户可以在互联网上建立他们自己的热门站点地址簿，通过超链接通往有价值的广告站点。用户的超链接越多，企业的广告被击中的可能性越大。

2. 旗帜广告

消费者对旗帜广告的认识离不开注意。旗帜广告能不能吸引访问者的注意，这是旗帜广告的第一步，也是旗帜广告设计的基本要求。因为有了注意，人的意向才能够离开周围现实中的其他事物而集中于虚拟空间的旗帜广告上来。人在同一时间内不可能感知周围的一切印象，而只能感知其中的少数对象。因此，要使某一旗帜广告成为访问者注意的中心，使其他旗帜广告处于注意的范围之外，就必须采取措施增强人们对旗帜广告的注意程度。

注意程序的大小与刺激的强弱成正比。突出的目标、移动的画面、鲜艳的色彩都会引起人们不同程度的注意。正确地使用各种先进的设计手段，才能够使旗帜广告收到较好的效果。

顾客最终掏出钱来购买商品要经过货类和货主两个选择。前者是选择究竟购买什么样的商品，后者是选择购买谁的商品。企业在掌握了需求信息和消费信息的基础上开发一种产品，还只是满足了第一种选择。要满足第二种选择，就必须使顾客了解企业的产品，这就需要进行广告宣传。如果开发此种产品的厂家不止一家，广告宣传的竞争就会十分激烈。许多厂家都希望自己的产品不但为顾客所知，而且希望在顾客头脑中留下深刻的印象。根据心理学原理，只有独到的、新颖的刺激才容易留下深刻的记忆痕迹。所以，旗帜广告的创意要求别具一格，要求具有思维的新颖性品质。

## 第二节　其他各类广告媒体的特点

### 一、户外广告

户外广告是路牌广告、霓虹灯广告、气球广告等设置在露天里的各类广告的统称，但主要是指路牌广告和霓虹灯广告。

（一）户外广告的优势

第一，都市的门面。一个城市的经济发达与否，最初也是最外在、最直接的特征之一，就是户外广告的繁盛与否。各广告主都想在其中立一席之地。都市夜与昼的交替，也是霓虹灯与路牌的交替。

第二，位置优越，巨大醒目。户外广告面对城市的繁华闹市，日夜不停地向行人传播广告信息，均以鲜明强烈的色彩和独特的形式给人以刺激。户外广告集中于商业网点的特点，使其宣传易与购买行为结合。

第三，保存时间久，效率长。尽管户外广告每天的观者远远不如报纸，但因其存留时间长久，所以按户外广告前每天人流量 1 000 人计算，半年内则有 18 万人次，因而在某些地方其效率又超过报纸。

户外广告的特点决定了它在树立企业形象方面具有相当的优势。

（二）户外广告的劣势

户外广告所处的特殊环境和自身的条件限制使它们不易为观者提供仔细浏览的机会，因此户外广告尽管巨大、醒目，但都是力求简单，有时甚至是仅有品牌名称或商标符号。如果没有其他广告媒体在其他时间、其他场合补充其内容，其效率便会大打折扣。

（三）户外广告的类型

广东康赛市场服务有限公司根据户外广告牌的面积大小，把户外广告分为三种类型："S"型牌——广告牌面积超过 250 平方米，如分布于大型楼顶、路边的超大型广告牌；"B"型牌——广告牌面积在 21 平方米至 249 平方米，如楼顶、楼侧、立柱式等中型广告牌；"P"型牌——广告牌面积在 1 平方米至 20 平方米，如人行道灯箱、灯柱灯箱、电话亭、车亭等小型广告牌。

"P"型牌随处散布。据广东康赛市场服务有限公司 1999 年 5 月的监测数据，京、沪、穗三地的"P"型牌在市区里广泛渗透，广告牌以灯箱、电话亭和车亭为主。这种广告牌在北京有 5 085 块，上海有 6 688 块，广州有 6 492 块。由此可见，三地"P"型牌数目相当。三地"P"型牌总牌数为 18 265 块，占三地所有类型广告牌的 86%。

"B"型牌主要分布于楼宇、桥梁等位置，面积大，位置佳，据广东康赛市场服务有限公司 1999 年 5 月的监测数据，北京共有 912 块"B"型牌，上海有 641 块，广州有 1 159 块。三地中，广州的"B"型牌数目相对较多。三地"B"型牌总牌数为 2 712 块，占三地所有类型广告牌的 13%。

"S"型牌面积巨大，常分布于楼顶、楼侧面等位置。因为面积巨大，因而数目相对较少。据广东康赛市场服务有限公司的监控数据，在京、沪、穗三地，"S"型牌总数都不多，北京有 56 块，上海有 106 块，广州有 51 块。三地"S"型牌的总数量为 213 块，占三地所有类型广告牌的 1%。

产品不同，牌型也不一。不同产品类型在选择不同类型的户外广告牌方面也表现出一些特征：

药品、电器、饮料主要"相中""P"型牌。由于各种产品选择的目标消费群不同，在选取广告类型上也有所不同。药品、电器、饮料等家用产品，选择"P"型牌较多。

财务银行、不动产以"大"著称。财务银行和不动产多选择一些较大面积的"B"型广告牌和"S"型广告牌，因为面积大，数量少，适合品牌或公司形象宣传。

详情见表 3-1、表 3-2、表 3-3。

表 3-1　　　　　　　　　1999 年 5 月北京各类型广告牌排行榜

| 序号 | 类别 | B 型 | P 型 | S 型 | 合计 |
|------|--------|------|------|------|------|
| 1 | 电器 | 69 | 633 | 2 | 704 |
| 2 | 财务银行 | 73 | 349 | 13 | 435 |
| 3 | 电脑 | 61 | 158 | 1 | 220 |
| 4 | 邮电通讯 | 36 | 171 | 4 | 211 |
| 5 | 饮料 | 12 | 187 | 1 | 200 |
| 6 | 服装 | 19 | 173 | 3 | 195 |
| 7 | 药品 | 17 | 166 | 2 | 185 |

续表

| 序号 | 类别 | B 型 | P 型 | S 型 | 合计 |
|------|------|------|------|------|------|
| 8 | 酒类 | 33 | 150 | 0 | 183 |
| 9 | 消费服务 | 31 | 147 | 2 | 180 |
| 10 | 食品 | 15 | 155 | 1 | 171 |

表 3-2         **1995 年 5 月上海各类型广告牌排行榜**

| 序号 | 类别 | B 型 | P 型 | S 型 | 合计 |
|------|------|------|------|------|------|
| 1 | 饮料 | 102 | 670 | 4 | 684 |
| 2 | 电器 | 58 | 470 | 12 | 540 |
| 3 | 工业设备 | 39 | 430 | 2 | 471 |
| 4 | 财务银行 | 10 | 379 | 12 | 401 |
| 5 | 美容化妆 | 12 | 345 | 0 | 357 |
| 6 | 服装 | 34 | 266 | 33 | 333 |
| 7 | 不动产 | 23 | 305 | 0 | 328 |
| 8 | 机动车 | 43 | 281 | 4 | 328 |
| 9 | 消费服务 | 19 | 297 | 3 | 319 |
| 10 | 食品 | 34 | 259 | 9 | 302 |

表 3-3         **1999 年 5 月广州各类型广告牌排行榜**

| 序号 | 类别 | B 型 | P 型 | S 型 | 合计 |
|------|------|------|------|------|------|
| 1 | 药品 | 60 | 740 | 2 | 802 |
| 2 | 饮料 | 49 | 670 | 2 | 721 |
| 3 | 不动产 | 124 | 584 | 2 | 710 |
| 4 | 电器 | 133 | 548 | 7 | 688 |
| 5 | 美容化妆 | 17 | 479 | 0 | 496 |
| 6 | 邮电通信 | 47 | 424 | 3 | 474 |
| 7 | 烟类 | 33 | 401 | 13 | 447 |
| 8 | 消费服务 | 62 | 172 | 2 | 236 |
| 9 | 工业设备 | 85 | 130 | 2 | 217 |
| 10 | 机动车 | 103 | 109 | 2 | 215 |

### 二、DM——直接邮寄广告

（一）DM 广告

DM 是英文 Direct Mail 的缩写，是直接邮寄的意思。

在西方发达国家，各阶层的居民总是不时地收到从邮局送来的印刷精美的折页、样本、贺卡、购物优惠卡等，大多是关于旅游、饭店、航空、超级市场等方面的广告品，这就是 DM——直接邮寄广告。

在我国，DM 广告的发展较为迅速，已不局限于征订单之类的初级邮寄函件了。

DM 广告分为一次性邮寄和数次性邮寄两类，主要是根据邮寄的目的和产品（或服务）的性质而定。

（二）DM 广告的特殊功能

DM 广告在各类媒体中有以下与众不同的功能：

（1）针对性最强，且可根据预算选择诉求对象。

（2）收件人有种被人尊重的优越感，具有"私交"的性质，故可产生亲切感。

（3）反馈信息快而准确，极易掌握成交情况，有利于产品广告策略的制定和修改。

（4）在同类商品的竞争中，不易被对手察觉。

（5）形式灵活，不受篇幅限制，内容可自由掌握。

（三）DM 广告的注意事项

首先，DM 广告由于针对性强，因而推销产品的功利性就特别明显，往往使有些接收者产生一种戒备心理，所以 DM 广告的正文一定要写得诚恳、亲切，讲究文稿技艺。

其次，先不要贸然大规模寄送，应根据最初的信息反馈，然后再做决定。

### 三、交通广告

交通广告就是利用火车、地铁、公共汽车、出租车、电车、客轮和客机等交通工具和车站、码头、机场等建筑物，以及交通主要道口、设施等设置或张贴的广告。

交通广告可分为车身广告和驿站广告。我们这里主要介绍车身广告。

车身广告又可分为车内广告和车外广告。车内广告（含飞机内、火车内、轮船内）费用比较低廉，但阅读时间相对较长，适合做旅游类广告和购物指南类广告，车外广告大多做在汽车和出租轿车上。公共汽车广告分车身两侧广告和车后广告，车后广告虽然面积较小，但从路人的视觉习惯上来说，比车身两侧广告的视觉停留时间要长一些。出租车广告大多做在轿车顶盖上，在夜晚时，灯箱式广告照明面积虽不大，却颇为醒目。

交通广告流动性大，接触的人多，广告对象阶层分布广泛，阅读时间长，费用低廉，适合中小型企业做广告宣传。

### 四、包装广告

可以说包装广告是与产品贴得最近的广告宣传。包装有小包装、中包装、大包装、内包装、外包装、软包装、硬包装之分。大包装、外包装、硬包装又称为运输包装，而小包装、内包装、软包装则都附带有产品说明的性质，产品的详细信息或企业观念的宣传大多体现在上面。

随着超级市场——无人销售商店及开放型百货陈列的普及，包装广告（特别是日用消费品的包装广告）越来越被人重视。

包装广告的特性在于：

（1）同商品一体，广告宣传的验证性强。特别是优质广告与优质产品的双重印证，势必产生良性的连环效应。

（2）在购物场所陈放的包装广告，其观者即为欲购物者，对包装广告具有非常的专注性，因而最易使顾客下最后的决心，尤其是在包装也十分精美的情况下。

（3）包装广告更具有"无声推销"的属性，往往较其他媒体广告更令人放心，且离产品最亲近，广告宣传理所当然、理直气壮，因而极少给人"广告味道"。另外，"无声推销"的属性还使某些特殊的商品如治疗"难言之隐"的药物、男士化妆品等商品的推销变得简单迅速。

（4）有些商品的包装具有重复使用的价值，特别是目前在我国，精美而结实的包装纸和购物袋很少被人丢弃，大多被挪作他用，因而其广告便会以更高的频率和更长的时间影响人们，而其影响便也不只扩展到熟悉的家人、单位的同事，而且还扩展到了更多的陌生路人。

（5）包装广告是产品的"免费"附加物，因而极易被人"同情"和理解，所给人的记忆也往往同产品形象连在一起，所以识记率高，对产品形象有强化作用，易于"培养"购买者的购物习惯。

由此可以说，包装广告是最有经济实效的广告。

### 五、样本广告

产品样本分为宣传样本和推销样本。

宣传样本的作用是为公司或企业做宣传，树立企业形象，扩大知名度，主要介绍企业的历史、现状、经营项目、销售网络、销售情况、技术管理、科学研究等。跨国公司的样本还把其高级行政管理人员以及世界各地的子公司情况逐一介绍。

推销样本是以直接推销产品、扩大服务为目的的，具体介绍各种商品牌号、规格、花色、价格、服务设施等。

在西方发达国家，几乎所有的专业商店都有自己的商品样本或目录、单张、折页，文图并茂，印刷精美，明码标价，顾客可随意领取。工厂、企业也可对来访者奉送一本或一套有关自身宣传的小册子，在沟通产销之间、买卖之间、企业与社会的信息交流和贸易活动中发挥着快捷、明显的作用。

与其他媒体广告比较，样本广告的特点主要有以下几点：

（1）宣传对象更明确、更集中，有些高档商品的样本是有目的地送给购买者，以便其阅览和考虑购买商品用。

（2）情报更具体，更详尽，更具有说服力。

（3）具有长久阅读和保留价值，特别是工艺品样本、服装样本，常会被人艺术品似地收藏。

（4）信息反馈快，广告效果明显，尤其是在店堂里、交易会上，常可使买主"按图索骥"，看样成交。

（5）样本注重严密而精确的资料性与知识性，从文到图较少"广告色彩"，很少让人感到厌烦。

### 六、展览广告

展览的形式多样，有博览会、展销会、交易会、洽谈会、交流会、新产品发布会以及固定场所的产品陈列等，因而展览广告的形式也是综合的、多种多样的。

（1）开放型的广告形式，观众可自己动手，亲自体验。

（2）动静结合的立体化广告形式，在展出产品、文字图表与照片的同时，更多地运用形象生动、信息含量大的幻灯、录像等传播手段。

（3）当场示范表演的广告形式，如时装表演、机械操作表演、工艺制作表演等。

（4）与公共关系结合的广告形式。

展览广告的特点：

第一，能迅速而直接地促成大规模批量销售的效果。

第二，面对面的情报传达与信息交流。

第三，信息量最为集中，能全面展示商品的各方面。

第四，具有对新产品的广告诉求的验证性，有利于今后的整体策划。

### 七、空中广告

所谓空中广告，即通过空中媒体——气球、飞艇、球伞吊篮、激光等，传播具体可见的广告信息，它是一种新兴的广告形式。

（一）气球广告

气球广告主要用于展览馆、体育场、广场或集会、集市的上空，将大幅广告标语或广告画幅，用特制的大型气球升入高空，然后在一定的高度用地上的绳索固定。气球色彩明艳，随风飘舞，最适合制造热烈的气氛。

（二）飞艇广告

飞艇广告是从气球广告发展而来的，但比前者更高级，效果更强烈。它体型庞大，可游移飞行，能收到大区域的注视效果。

（三）空中吊篮广告

空中吊篮广告是用热空气来产生升力，使巨型球伞升空。伞下垂吊巨型产品模型，广告效果同飞艇广告类似。

（四）飞机广告

飞机广告是在高空利用机尾喷出的各色化学烟雾写字或画简单的图形，新颖别致，易造成令人惊叹的效果和万众瞩目的景观。此形式需事先对飞机的飞行轨迹作周密计划，操作时技术难度极大，费用昂贵。

（五）激光广告

激光广告是将地面的激光经过电脑程序设计射入天上的云层，利用云层的反射，打出文字图案，鬼斧神工，令人叹为观止，仿佛天上的霓虹灯。

不论何种空中广告，其特点不外乎以下几点：

（1）注目范围广大，并且一旦为人发现，多有连锁反应发生和长时间注目效应。

（2）越是人口稠密区效果越强烈。

（3）广告单纯，印象深刻。

空中广告的缺陷是极易受天气和地理条件的影响，广告效应的重复性差，出现频率不能固定，且费用昂贵，普及性不强。

## 八、招贴广告

招贴广告是指在街头指定的广告牌上或在销售地点及其他公共场所张贴的印刷广告、海报等。

招贴广告是一种历史悠久的广告形式，之所以经久不衰，是因为招贴广告至今仍有其他媒体广告不易替代的功能。

招贴广告主要有以下特点：

（1）艺术感染力强。招贴广告大多以图画为主，设计考究，能给人以视觉上的美的享受和心理上的美的熏陶，特别是有关艺术和体育内容的招贴广告。

（2）张贴方便。

（3）启动性强，可在一定范围和极短的时间内造成较大的声势。

### 九、日历广告

日历广告最主要的特点是能持续进行一年的广告宣传。作为新年前夕的一种馈赠与致贺品，容易引起被送者对企业及产品的友好联想。因此，日历广告又是公共关系的一部分，具有沟通企业之间、企业与个人之间和个人与个人之间感情的功能。

日历广告有挂历广告、台历广告两大类型，其中挂历广告最为常用，其广告内容也大多与挂历的画面内容具有一定的内在联系。

值得注意的是，日历广告与样本广告或产品说明书等广告形式要有所不同，因为日历（特别是挂在墙上的日历）是房内装饰中较醒目的一部分，所以日历广告在印刷精美、设计讲究的同时，更应注意减少日历的"广告味"。经验证明，广告性越弱，广告日历的效果就越强，这是日历广告成功的一个诀窍。

### 十、立体广告

立体广告是相对平面广告而言的，其特点是立体感强，广告商品逼真醒目，前后左右都能观看，适合广场中、花坛中等四面都有人经过的公共场所。

立体广告在制作上要考虑到它的"城市雕塑"功能，造型力求艺术化，材料要结实耐损，内部构造要以稳为原则。

### 十一、电影广告

因为制作、费用等多方面原因，电影广告在我国还不普及，电影院这一比较有效的媒体还未为厂家和广告主广泛利用。

电影广告大多较短，1~5分钟不等，一般在电影正式开映前放映。

电影广告的主要特点有：

（1）同场观看人多，有气氛，具有群体交流性。

（2）强迫性大，不像电视广告播放时观众可自由换台或离去。另外，被专注性强，电影院里观众的视线只能专注于银幕。

（3）银幕宽大，效果逼真，音响强烈，场内秩序较好，因而广告印象深刻。

（4）数量小，不易造成观众的厌烦情绪。

电影广告的缺点是传播面小，制作成本高。

### 十二、电话广告

电话的产生已有近百年历史，但被用来做广告媒体还是近十多年的事。现在，许多广告主把电话广告作为与直接邮寄广告具有同样功能的广告形式。尤其在推销员的工作中，可以先用电话与消费者进行联络，对商品做简单介绍后，再对有兴趣的消费者进行面对面推销，提高工作效率。

目前，国外有人正在研究开发电话广告的新领域，将广告公司与电话局总机连在一条线上，利用打电话的人拿起话筒拨号码的短暂时间做各种广告宣传，待电话拨通后，广告随之自动停止。

### 十三、赠品广告

以小型礼品或纪念品的馈赠为手段，博取用户对企业的好感和记忆。

要想保证赠品广告的效果，必须做到以下两点：

（1）赠品要有吸引力，更要有广告效果，这些赠品一则要与产品有关，二则应是家庭或个人的日用品。

（2）赠品发送对象应是目标买主（包括潜在的买主）。

### 十四、手机广告

作为新媒体广告的代表之一，手机广告是指基于无线网络，利用手机作为载体，通过语音、短信、彩铃、WAP 等多种形式，向手机用户传递产品和服务信息的一种传播活动。在网络时代，科技的进步让手机也可以随时上网。一般来说各种类型的互联网广告在手机上都可以采用，比较常见的手机广告有 WAP PUSH 广告、手机客户端广告、WAP 广告、彩铃广告等。

WAP PUSH 广告是指一种基于 WAP 的推送技术实现的广告，广告运营商可以以短信的形式将网站的链接发送给手机用户，用户可以根据自己的需要随时点击链接进入网站查看；手机客户端广告是指将广告植入手机客户端的软件中，用户在安装或者使用手机客户端软件时可以随时与广告发生互动；WAP 广告是指在 WAP 网站中的广告，手机用户在 WAP 网站中除了使用搜索、访问、邮件等功能外，还可以点击 WAP 广告查看内容；彩铃广告目前大多用在集团彩铃方面，即手机主叫方在拨打某一集团内部手机号码的电话等待期间，会收听到统一定制的手机彩铃声，从而达到展现企业形象、拓宽业务渠道的目的。

手机广告主要有以下特点：

（1）方便快捷。手机广告的制作和发布都十分快捷，一条文字广告短信数分钟内就可以编辑完成。此外，借助计算机和网络，包含多媒体内容的广告也可以轻松制作出来并随时发布，只要用户手机在有信号的地方就可以接收。

（2）分众性。每台手机都具有唯一的号码，并属于一个特定的用户，因此，广告运营商就可以按照机主的年龄、性别、地区、职业等属性，对手机用户进行不同的划分，从而让广告的投递更加精准，更有效地提高投递效率。

（3）到达率高。手机短信广告可以做到百分之百的定向传播，只要手机号码正确，不出现网络通信故障，手机用户就可以收到短信广告。

（4）互动性强。手机本身就是一个突出双向互动性的媒体，借助 WAP 网站，企业可以进行多种形式的互动活动，如抽奖、论坛、竞猜等，从而及时了解受众需求，提高营销质量。

### 十五、数字电视广告

数字电视广告是伴随数字电视应运而生的产物，是广告主以数字电视作为中介，向数字电视受众提供产品和服务信息，从而达到促进产品销售、提高企业形象的一种传播活动。数字电视广告主要有以下特点：

（1）高品质的声画质量。得益于数字技术得天独厚的优势，数字电视拥有很高的信号传输速率，在短时间内可以接收大量的视频、音频信号，这就使得数字电视广告也拥有高清晰的画质和高品质的音响效果。

（2）互动性强。互动性是数字电视区别于传统电视最大的特点之一，借助于数字技术，数字电视广告可以根据受众的需要，更为丰富地展现产品、"体验"产品，如展示某产品不同角度的画面等。同时，顾客还可以在线与广告主进行交流，就产品性能、价格等问题展开讨论，甚至还可以完成在线预订、在线付款等服务，极大提升了广告的效果。

（3）选择的自主性。与传统电视广告不同，数字电视广告带有选择的自主性，可以在规定的时间内让受众自主选择观看需要的广告类型，同时还可以将广告植入电视节目中，在受众对某一节目中出现的产品产生兴趣时，可以随时向受众推送广告信息。

# 第四章 广告媒体的评价指标

在前面的章节中，我们介绍了现代广告媒体的种类与特点。既然广告媒体的种类繁多，特色明显，那么在广告实践活动中，就要根据各种广告媒体的类别和特征进行媒体选择与系统组合。这一过程的核心是：通过最低投入、最恰当的媒体传递形式达到最佳的广告信息传递效果。为此，选择什么样的媒体能使广告到达目标受众，成为广告主和广告公司特别关注的资讯信息。怎样分析比较不同类别的广告媒体？广告媒体的重要评价指标有哪些？这些便是本章要重点讲述的内容。

## 第一节 广告媒体的综合评价指标

### 一、综合评价的意义

媒体评价的意义有两个方面：一是广告策划工作中不断进行的媒体评价工作，这是为了确定媒体的各种特点以及不同媒体的适用性；二是在进行一次广告活动规划时，做媒体评价工作是以具体的广告目标来测度，以衡量不同媒体的适用性。

在进行具体评价媒体的工作中，可从效益和针对性两个方面考虑媒体的可用性。若想获得媒体效益的准确评价，就需要进行指标的综合评价，由此才能得出媒体的一般性效益评价，然后再结合广告主的具体情况，用针对性指标来确定可以最有效地同目标市场沟通的传播媒体渠道。

在实际工作中，经常首先用针对性指标找到若干适合的媒体，然后再比较其他的媒体效益。这样既可以减少媒体评价工作的复杂性，又可以较全面地总结问题。总之，广告媒体评价的意义就在于衡量不同媒体的适用性。

### 二、权威性及影响力

广告媒体本身对广告影响力大小的衡量指标是权威性。广告能够对消费者产生影响，主要有两方面的原因：一是广告设计创作产生的作用；二是广告在媒体上推出所产生的作用。媒体既可以给广告带来影响，也可以由权威性指标来定性衡量。

例如，一幅面积大的路牌就比一幅面积小的路牌更具权威性，同一版面上的印刷广告，显著位置处的效果比其他处要好，不同时间推出的播放广告其权威性也是不一样的，知名度高、受各界人士重视的杂志就比一般娱乐性杂志权威性高。从广告媒体的策划角度看，当然希望所选用的媒体权威性愈高愈好，以便给广告带来重大的影响力。但是，一般说来，权威性越高的媒体，收费标准越高。

此外，权威性的衡量也是相对的，对某一类广告主来讲是权威性高的媒体，对另一类广告主来讲其权威性可能并不高。衡量的标准主要看媒体的受众情况，如果媒体的主要受众同广告主所要针对的目标消费者相一致，对媒体主要受众来说它是具有相对权威性的，但对目标消费者来讲可能就不那么权威了。

### 三、覆盖域

任何一种广告媒体都将在一定的范围内发挥影响，超出这一空间范围，该广告媒体的影响将明显地减少甚至消失。我们将广告媒体主要发生影响的空间范围叫做这一媒体的覆盖域。

广告主或广告公司在选择媒体时，首先要考虑的就是这一媒体的覆盖域有多大、在什么位置。之所以如此，主要是看所选用的广告媒体是否能够影响营销计划所针对的目标市场。目标市场的消费者虽然散布于社会各个角落，但是在地域空间分布上还是相对集中的，这是广告主产品销售的地理范围。广告主及广告代理公司期望所做的广告运动可以有效地影响这一区域中的消费者，尽可能让其中的产品销售对象接收到广告信息，促成其购买行动。

从媒体策划的角度看，媒体的覆盖域与目标市场消费者分布范围之间，可有下述几种情况：第一种，覆盖域与分布范围正好吻合，这是最为理想的情况，从这一指标来看所评价的媒体十分适用；第二种，覆盖域与分布范围完全不吻合，这样的媒体是根本不适用的；第三种，覆盖域中包括了分布范围，但大于分布范围很多，这样该媒体虽然可以起到影响目标消费者的作用，但却会造成浪费，所以在选用该媒体时还应考虑更多的问题；第四种，覆盖域只包括了分布范围的一部分，这样的媒体只能影响目标消费者中的一部分，因此还需要其他媒体的配合。

据有关资料表明，我国广播和电视正迅速普及，人口综合覆盖率达到 91.5% 和 92.5%，中央人民广播电台第一套广播节目、中央电视台第一套电视节目覆盖率分别达到 79.3% 和 83.3%，有线电视用户约有 8 000 万户，居世界第一。

### 四、重复率

重复率指标通过计算才能得出，用来表示每一个接收到广告信息的人平均可以重复接收延续广告多少次，用公式可表示为：

$$重复率 = \frac{毛感点}{触及率}$$

选择重复率来衡量广告媒体有两个考虑：一是细分媒体效果，研究广告产生影响的可能性；二是借此研究媒体的使用方法，制订广告推出时间安排，可以令一系列广告获得最佳综合效果。

### 五、触及率

某一广告在某一具体媒体上推出后，也许只能让一部分人接收到，媒体的触及率就是用来衡量这一比率的。触及率表示一则广告经过一段时间推出后，接收到这则广告的人数占覆盖域内总人数的百分数。

触及率这一指标有两个特点：其一，触及人数不可重复计算，一个人可以多次接收到广告，但是也只能算做一个触及者，而不是多个触及者；其二，触及率是对覆盖域中所有人数而言的，并非只对有可能接收到广告媒体的人数而言，所以触及率并不能准确表示在一个具体媒体上推出一则广告，能够被这一媒体的受众群体中多少成员接收到。

该指标反映了广告媒体的一个重要特点，亦即经过一段时间后到底可能触及多少人。触及人数的多寡是广告主和广告公司选择媒体的重要指标。一般而言，触及率越高，广告媒体的可用性越强，当然这一结论尚需要受其他指标的制约。

### 六、毛感点

毛感点（亦称重评点）是各项广告推出后触及人数占总人数比例之和。这一指标表示的是广告在一个媒体中所能达到的总效果。对使用多种媒体的方法，亦可采用此指标去衡量其总效果。如在一个电视节目上推出一则广告，两次各获得20%的总接收比例；在一个广播节目上推出此广告，三次分别获得15%的总接收比例，那么这则广告的毛感点就应该是：

$$2 \times 20\% + 3 \times 15\% = 0.85$$

这一指标的重要性在于：一是可以明确表示每则广告的效果；二是可以将不同广告的效果以及同一广告的不同推出效果加起来。也就是说，毛感点是可以重复记数的，即一个人如果接收到同一则广告10次，这10次接收效果都应记入毛感点的计算当中。如上例，毛感点虽然是一个百分比的形式，但通过累加之后完全可以是一个超过1的数字。

虽然该指标需通过具体的调查统计才能获得，但由于它可以比较清楚地反映出在一个媒体上推出广告的总效果，所以是一个很有用的评价指标。

### 七、累积视听人数

GRPs即总收听点，能看出广告信息数目所预期的比重或总压力是多少，但不能看出有多少不同人士暴露于信息之下。在广告排期表的进行中，特定人口至少有一次暴露于广告信息下的人数或百分比是"到达率"的功能。到达率与累积视听众、净量视听众或无重复之视听众为同义词。

广告排期表的到达率或涵盖地区与频次，由所使用的广播电视时段等来决定。

由于杂志是针对特定群体进行诉求，在广告运动中所用不同名称的杂志数目越多，则广告排期表的到达率就会越大。杂志的规模大小也极为重要，发行量大的杂志，就比发行量小的杂志到达的人要多。

GRPs 除以到达率就得到平均频次，这是一个测量广告运动深度的方法。频次是一个人看到广告信息的次数。以 200GRPs 为例，假定有 50% 的妇女至少暴露于一次信息之下，而平均频次则为四次，通常以 R×F＝GRPs 这个公式来表示。为便于这些观念容易使用，广告专业人员发展出"到达率与频次表"，并常用计算机来产生这些数字。

到达率与频次有助于在做计划时评价可选的广告排期表。如果到达率是最重要的判断标准，就要选定能产生最大到达率的广告排期表。如果暴露次数更为重要，就一定要集中有最大暴露优势的广告排期表。

### 八、连续性

同一则广告多次在一个媒体上推出后产生的效果的相互联系和影响称为连续性指标。连续性概念也可以衡量在不同媒体上推出同一则广告，或者同一媒体不同时期的广告运动之间的联系和影响。

广告媒体不同，对连续推出的广告效果产生的影响也不同。譬如，一般杂志上连续刊登的广告，以月为间隙触及消费者，如果某一项营销活动时效性要求较高，要求广告效果迅速产生以配合整体营销，那么杂志的连续性显然就不适宜于这一要求了。比较而言，报纸的连续性则更适合于这一营销活动。但是，对一种长期销售且针对性比较强的产品来讲，杂志的连续性应该比报纸好。

显而易见，这个指标不可能脱离具体的广告运动来评价媒体连续性的好坏，只有同广告运动的需要相比较，才能分析其是否适用。

### 九、针对性

针对性是表示媒体的主要受众群体的构成指标。以上各项指标没有媒体受众情况进行评价，涉及的受众被看成是同一性的。诚然，在实际情况中媒体受众的多少，并不是广告主及其代理广告公司考虑的唯一指标。一个媒体的受众可能很多，但是其中只有一部分是广告主的目标消费者，这一媒体对此特定的广告来说也是不适宜的。故而广告主及广告代理公司要用针对性这一指标评价、分析媒体所针对的受众是否为广告主的目标消费者，这些消费者的构成也会影响媒体的可用程度。针对性指标应包括两项内容：一是媒体受众的组成情况，二是媒体受众的消费水平和购买力情况。

### 十、效益效果

很明显，这是衡量采用某一媒体可以获得的利益同所消耗费用之间关系的指标，是对媒体经济效益的量度。评价的方法可以以广告主的运动需要为基点，比较购买这一媒体的时间、空间所花的费用。

媒体成本就属于此指标范畴内，它是事先可以做出估计和比较的。但需特别指出的是，广告成本不应单纯看其媒体费用的绝对值大小，而应看支出的费用与覆盖率及听众、观众数量之间的比例关系。例如，若在印刷媒体报纸上发布广告，首先应考虑报纸的发行量，发行量大，覆盖范围广，平均到目标消费者身上所花费的广告费相对就少。营销人员按照成本原则选择媒体，最简捷的办法通常是千人成本法，或称为 C. P. M 法，其公式如下：

$$C. P. M = \frac{广告费}{受者人数} \times 1\,000$$

例：A、B 两份性质相近的杂志，对同一广告，收费分别为 8 万元和 5 万元，前者发行量为 100 万份，后者为 50 万份。计算公式如下：

$$A：C. P. M = \frac{80\,000}{1\,000\,000} \times 1\,000 = 80（元）$$

$$B：C. P. M = \frac{50\,000}{1\,000\,000} \times 1\,000 = 100（元）$$

可得结论：A、B 千人成本分别为 80 元和 100 元。显然，成本绝对值小的 A 可作优先选择。

显然，运用 C. P. M 法能较好地反映媒体费用与受众间的比例关系。利用此法可以比较四大传统媒体对于广告运动的适用情况，也可以比较出四大传统媒体中广播广告是最经济的一种媒体。

例：某广播电台的某一套节目 1 分钟插播费为 150 元，按一天播 4 次计算为 600 元，全国约有 3 亿台收音机和收录机，按每 4 台收音机中只有 1 人在 4 次播出中听到一次计，即按 1/16 的可能性计，收听广告宣传者为 7 500 万人，把上述数据套入公式，得出广播广告千人成本：

$$C. P. M = \frac{广告费}{受者人数} \times 1\,000$$

$$= \frac{600}{75\,000\,000} \times 1\,000$$

$$= 0.008（元）$$

可见，广播广告在 1 000 位听众身上的花费仅为 8 厘钱，世界上有比这更经济实惠的广告媒体吗？答案不言自明。

# 第二节　电波媒体的评价指标

## 一、收视（听）率

收视（听）率是对广播和电视等电波广告媒体进行媒体量的研究中得出的定义。它的内涵是指某一地区范围内收看（收听）某一电视台（电台）某一特定电视节目（广播节目）的人数与被调查人数的百分比。

例如，某一电视台对自己播放的节目 A、节目 B、节目 C 分别做收视情况抽样调查。如表 4-1：

表4-1 　　　　　　　　　　　**电视节目收视率调查表**　　　　　　　　　　单位：人

| | 节目 A | 节目 B | 节目 C | 未看电视 | 总计 |
|---|---|---|---|---|---|
| 第一组 | 2 | 1 | 1 | 1 | 5 |
| 第二组 | 2 | 0 | 1 | 2 | 5 |
| 第三组 | 1 | 2 | 1 | 1 | 5 |
| 总　计 | 5 | 3 | 3 | 4 | 15 |
| 收视率 | 33.3% | 20% | 20% | | |

共计抽样三组人群。收看节目 A 的人数为 5 人，占总人数 15 人的 33.3%；收看节目 B 的人数为 3 人，占总人数 15 人的 20%；收看节目 C 的人数为 3 人，占总人数 15 人的 20%。那么节目 A、节目 B、节目 C 的收视率就分别是 33.3%、20%、20%。

同样的计算方法也适用于以户为单位的收视率计算。

收视（听）率的研究，有助于广告用户了解在电波媒体及其他某些特定节目做广告所达到的效果如何。收视（听）率是电视广播媒体中最重要的术语。广告用户在运用收视（听）率进行广告媒体方案选择时，一定要注意使用那些略高于预定收视（听）率的媒体。

广告用户需要了解收视（听）率，大的广告公司需要花大量经费去调研收视（听）率，电视广播从业者更是经常进行收视（听）率调查，所花经费更大。所以收视（听）率也是广告定价的基本参数。

## 二、开机率

开机率是在调查某一天特定时间电视机拥有户开机情况得到的概念。它的确切定义为：一天中某一特定时间打开电视机的家庭与拥有电视机的家庭的百分比。广播与此相同。

例如，抽样调查五户家庭在某年某月某日 19：00 收看电视的情况。

五户家庭中有 A、C、D 三家打开了电视，故而开机率为 60%。

开机率随着每天的时间段及所处季节、天气等变化而不同。例如，同是 19：00，夏季天热，人们普遍逗留于室外，开机率就会低于同一时间段的冬季。由于各个地区生活节奏、生活习惯不同，也会造成开机率的差异。开机率更主要的差异表现在一天的时间当中，通常在 20：00 左右开机率较高，因为人们普遍要欣赏此时播出的各种文艺节目，而其他时间，则相对较低。开机率的程度不是固定的，要具体情况具体分析。例如在白天通常情况下开机率是不高的，但到了 8 月份情况就发生了变化，因为 8 月份是中国学生的暑假时间，这期间白天的开机率就明显高于其他月份。

广播的开机率和电视的开机率，两者成反比的关系。电视开机率高，广播开机率就会低。这是因为电视与广播所拥有的受众是共同的，此消则彼长。例如，在中国大多数家庭，早晨都会打开半导体收音机收听中央人民广播电台的新闻联播，广播开机率很高；但自从中央电视台开办早间综合节目《东方时空》之后，吸引了很大一部分观众，于是早晨电视开机率增高，导致广播开机率降低。所以，两者具有竞争性与互补性。

### 三、毛评点

毛评点指特定个别广告媒体所送达的收视率总和，是一种测量媒体计划总压力和总强度的方法。

毛评点提供说明送达的总视（听）众，而不关心重叠和重复暴露于个别广告媒体的视（听）众。

毛评点的计算方法是用每一插播播出次数乘以每次插播的收视（听）率。它与收视（听）率相同，用百分数表示，如表 4-2 所示。计算毛评点，可用每一插播播出次数乘以每次插播的收视（听）率。

表 4-2                 **毛评点计算表**

| | 收视率 | 插播次数 | 毛评点 |
|---|---|---|---|
| 节目 I | 20 | 2 | 40% |
| 节目 II | 10 | 3 | 30% |
| 节目 III | 15 | 4 | 60% |
| 总　计 | | 9 | 130% |

### 四、视（听）众暴露度

视（听）众暴露度是全部广告暴露度总和的表达术语。它不用百分数来表示，而是用数目表示。

视（听）众暴露度同毛评点一样都是表达总视（听）众数额的方法，所不同的是视（听）众暴露度是去掉毛评点的百分率符号，即用拥有电视机或收音机的群体总额乘以毛评点所得的数值。假如 400 个毛评点的播插广告节目在拥有 200 万台电视机的地区播放，那么广告便有 800 万户的成果或视（听）众暴露度。

视（听）众暴露度的另一个计算方法就是将广告排期表中每一插播所送达的视（听）众相加求和。如表 4-3 所示：

表 4-3 视（听）众暴露度计算表

| 广告排期表 | 拥有机器家庭数 | 广告插播次数 | 视听众暴露度 |
|---|---|---|---|
| 节目 I | 58 万 | 2 | 116 万 |
| 节目 II | 42 万 | 3 | 126 万 |
| 节目 III | 86 万 | 2 | 172 万 |
| 节目 IV | 14 万 | 3 | 42 万 |
| 总 计 | | | 456 万 |

视（听）众暴露度只表示总送达数而不顾及重复。用视（听）众暴露度资料可以进行计划选择。请看表 4-4：

表 4-4 视（听）众暴露计划选择表

| 分配结构　　视（听）众暴露度 | I 计划 | II 计划 |
|---|---|---|
| 家户总数 | 200 万 | 200 万 |
| 女性总数 | 150 万 | 156 万 |
| 18~28 岁 | 50 万 | 80 万 |
| 28~38 岁 | 80 万 | 30 万 |
| 38 岁以上 | 30 万 | 50 万 |

Ⅰ计划和Ⅱ计划经费预算相同，如果广告目标是所有家庭，那么Ⅰ计划与Ⅱ计划是相同的，可以采用其中任何一个。如果广告目标是18～28岁的女性，那么Ⅰ计划的视（听）众暴露度是50万，Ⅱ计划的视（听）众暴露度是80万，显然Ⅱ计划的广告效果好。这样，通过视（听）众暴露度的资料就可以进行广告计划的选择。

### 五、电视媒体评估方法

电视与广播同是电波媒体，但广播的投资规模远小于电视，导致市场对广播收听调查资讯的提供不如电视完整。至于在媒体的评估与计算方式方面，两种媒体基本是一样的，所以在此只介绍电视媒体的评估方法。

电视媒体在量上的评估主要根据收视行为调查测得。收视行为调查是通过抽样取得足够的样本数及合理的样本分布，借由样本户收视行为取得，推算整体收视状况。其调查内容为开机率、收视人口与收视率等。主要有以下几种较为固定的方法：

（1）日记法：在各样本户留置收视日记，以人工填写方式，记录样本户家庭成员每天的收视状况。

（2）个人收视记录器法：在各样本户装置收视记录器，记录器上设有代表收视者的按键，收视者在收看及离开时以按键方式按下代表个人按键的"开"和"关"，以记录样本户家庭成员每天的收视状况。

（3）被动式记录器法：在各样本户装置收视记录器，先将样本户中成员的容貌扫描到记录器中记忆，当收视者在使用中的电视机前出现时，记录器即自动辨认收视者并记录其收视状况，收视者收视时不必按任何按键。

在这三种收视率调查方式中，日记法为传统调查方法，个人收视记录器法则因准确率较高且资讯较快而逐渐普及，这两种方式结合使用，已成为收视率调查的主流。而被动式记录器法则因成本太高及个人隐私顾虑等因素，尚未被普遍采用。

表4-5对日记法和个人收视记录器法两种不同方式在资讯特性及使用上的差异加以比较说明：

表4-5 日记法、个人收视记录器法资讯特性及使用上的差异比较表

|  | 日记法 | 个人收视记录器法 |
|---|---|---|
| 调查方式 | 人工填写人工按键、仪器自动记录时间单位，由于是人工填写，通常只能以15分钟以上为计算单位，常用的单位为15分钟或30分钟。 | 仪器自动记录，因此可以细分到以秒为单位，一般以30秒或1分钟为单位（主要为资讯量上的考虑）。 |

续表

| | 日记法 | 个人收视记录器法 |
|---|---|---|
| 收视率 | 由于是人工填写，受测者只能记录收看的节目或时期，而无法记录收看的广告，因此提供的收视率为节目收视率或时段收视率，而无法提供广告收视率。在收视行为上，广告并非收视目的，因此在广告出现、节目中断的时段往往造成观众流失（转台或其他事情），而使节目收视与广告收视之间产生一定落差。这种落差将受频道数、节目形态、时段及其他频道节目等因素的影响。 | 记录器自动记录收视状况，因此除了节目收视率外，也可以提供广告收视率。 |
| 准确度 | 较低。由于无法记录广告收视率，且样本房中的记录者会有时因未当场写而以回忆方式记录。 | 较高。由于仪器自动记录，因此可以细到广告收视率，且可以利用每秒收视率分析广告的创意冲击力。 |
| 误差评估 | 整体偏高，且因受测者有时以回忆方式填写，致使高知名度且经常收看的节目测得的收视率高于实际收视率；反之，较少收看的节目所测得的收视率则低于实际收视率。 | 整体偏低。记录器在电视开机而未按任何代表收视者的按键时会发出提醒信息，然而在第二个或以上收视者加入收视时则无法察觉，且收视者在加入收视时常因忘记键入代表自己的按键，致使测得的收视率偏低。 |
| 提供方式 | 以问卷回收，键入电脑整理，再提供给用户。 | 通过电话线传输（或以人工收集）资料，最快可以隔日提供前一天的收视率。 |
| 提供速度 | 由于问卷及键入电脑所需时间，致使提供时间约为10天，即当天可以提供10天前收视率。 | 通过网路回收资讯，数据回收速度较快，最快可以隔日提供前一天的收视率。 |
| 成本 | 由于操作较简单，所以成本较低。 | 较高。 |
| 样本限制 | 限制较小，样本可以依人口结构合理分配。 | 在电话普及率较低地区，取样较为困难，勉强取样可能造成样本分布偏差。 |

日记法与个人收视记录器法在统计方式上的基本差异是：日记法以 15 分钟或 30 分钟为一个段落，受测者对该时段收视情况回答"有"或"无"；而个人收视记录器法则以每分钟计算，因此尚涉及 15 分钟内受测者的收视分钟数及比率上的计算。两种统计方式的差异也造成对资料不同的解释。

使用收视数据时的一个重要观念是，收视人口及收视率经常被直接解释为收看特定节目的人口及比率。事实上，收视人口及收视率指的只是暴露于某一特定节目的人口数或比率，并不一定被观众实际"收看"到。把收视数据当成实际收看，将使媒体效果被过度高估，因此可能导致媒体投资的不足。

所有收视资讯都是过去已经发生的资料，然而收视行为虽有其习惯性，但终究将随收视者的喜好与选择而变化，因此在使用收视资料时，必须参考将来实际投放时的媒体变化作必要修正，如各频道节目的调整或特殊时间（如节日）的影响等，因为媒体计划毕竟是为将来的媒体投资而做的计划。

## 六、收视资讯的运用

当今世界收视状况调查的手段日益先进，而收视资讯也相当发达，所以怎样合理而有效地使用收视资讯成为广告主和广告媒体共同关注的问题。

（一）开机率

开机率是指所有拥有电视机的家庭或人口中，在特定时间段里，暴露于任何频道的家庭或人口的集合。依不同的计算单位，可以分为家庭开机率与个人开机率。

家庭开机率是指在特定时段里暴露于任何频道的家庭数占所有拥有电视机家庭的比率。家庭开机率由于是特定时段所有频道开机的总和，因此只分时段而不分频道（表 4-6）。

个人开机率是指在特定时段里暴露于任何频道的人口数占所拥有电视机人口数的比率。个人开机率和家庭开机率一样，只分时段而不分频道（表 4-7）。

表 4-6 **家庭开机率表**

| X 年 Y 月 Z 日时段 | 家庭户数<br>（千户） | 电视机拥有户<br>（千户） | 电视普及率<br>（%） | 开机户数<br>（千户） | 家庭开机率<br>（%） |
|---|---|---|---|---|---|
| 19：00~19：15 | 1 000 | 950 | 95 | 670 | 71 |
| 19：15~19：30 | 1 000 | 950 | 95 | 750 | 79 |
| 19：30~19：45 | 1 000 | 950 | 95 | 620 | 65 |
| 19：45~20：00 | 1 000 | 950 | 95 | 580 | 61 |
| 20：00~20：15 | 1 000 | 950 | 95 | 640 | 67 |

表 4-7 个人开机率表

| X 年 Y 月 Z 日时段 | 总人口数（千户） | 拥有电视机总人口数（千人） | 开机人口数（千人） | 个人开机率（%） |
|---|---|---|---|---|
| 19：00~19：15 | 2 660 | 2 527 | 2 100 | 83 |
| 19：15~19：30 | 2 660 | 2 527 | 1 750 | 69 |
| 19：30~19：45 | 2 660 | 2 527 | 1 800 | 71 |
| 19：45~20：.00 | 2 660 | 2 527 | 1 625 | 64 |
| 20：00~20：15 | 2 660 | 2 527 | 1 950 | 77 |

开机率是从整体的角度去了解家庭与个人或对象阶层的收视情况，主要的意义在对不同市场、不同时期收视状况的了解，如分析全年开机率可以发现各地在冬季与夏季收视习惯的变化，寒暑假对小学生群体的收视也将有显著的影响。

（二）收视人口与收视率

收视人口：暴露于一个特定电视节目的人口数。

收视率：暴露于一个特定电视节目的人口数占拥有电视人口总数的比率。

家庭收视率：暴露于一个特定电视节目的家庭数占所有拥有电视家庭数的比率。

个人收视率：暴露于一个特定电视节目的收视人口数占拥有电视总人口数的比率。

在商品的对象消费群被确定之后，所确定的消费群中的收视人口及比率就绪，即为对象收视人口与对象收视率。

对象收视人口：在确定的商品对象消费群中，暴露于一个特定电视节目的人口数。

对象收视率：在确定的商品对象消费群中，暴露于一个特定电视节目的人口数占所有对象消费群人口的比率。

以表 4-8 为例，假设所定义的对象消费群为 20~34 岁的人口，则在 19：00~19：15 收看 A 频道的 20~34 岁人口占所有 20~34 岁总人口的比率，即为 A 频道在当天该时段的对象收视率。

收视人口、收视率与开机率的计算必须先界定出该电视节目的地区与时段，同一电视节目在不同地区可能有不同的收视状况，如中央电视台的新闻联播在不同的地区就有不同的收视人口与收视率。同样，一个电视节目在不同时段也可能出现不同收视状况，如星光大道节目在同一地区，以每15分钟为一个段落计算，每一段落的收视人口及收视率也可能有所差异。

表4-8                          对象收视人口与对象收视率

| X年Y月Z日<br>时段 | 20~34岁<br>人口数<br>（千人） | A频道 | | B频道 | |
|---|---|---|---|---|---|
| | | 对象收视人口<br>（千人） | 对象收视率<br>（%） | 对象收视人口<br>（千人） | 对象收视率<br>（%） |
| 19：00~19：15 | 720 | 100.8 | 14 | 43.2 | 6 |
| 19：15~19：30 | 720 | 86.4 | 12 | 144 | 20 |
| 19：30~19：45 | 720 | 100.8 | 14 | 100.8 | 14 |
| 19：45~20：00 | 720 | 144 | 20 | 180 | 25 |
| 20：00~20：15 | 720 | 129.6 | 18 | 158.4 | 22 |

收视率是从观众的角度去分析每个电视节目在开机与收视上的人数和比率；反过来，也可以从一个电视节目的角度去分析各节目的观众占有率及成分。

观众占有率是指各频道在特定的时段中所拥有的观众占有电视机的总人口的比率。

观众占有率是在时段开机率的基础上再深入分析各个频道的占有率，占有率可以以家庭为单位，也可以以设定的对象阶层为单位（表4-9、表4-10）。

表4-9                          家庭开机率与频道占有率

| X年Y月Z日<br>时段 | 电视机<br>拥有户<br>（千户） | 开机<br>户数<br>（千户） | 家庭<br>开机率<br>（%） | A频道 | | B频道 | |
|---|---|---|---|---|---|---|---|
| | | | | 收看<br>户数<br>（千户） | 占有<br>率<br>（%） | 收看<br>户数<br>（千户） | 占有<br>率<br>（%） |
| 19：00~19：15 | 950 | 670 | 71 | 167.5 | 25 | 100.5 | 15 |
| 19：15~19：30 | 950 | 750 | 79 | 105 | 14 | 262.5 | 35 |
| 19：30~19：45 | 950 | 620 | 65 | 111.6 | 18 | 136.4 | 22 |
| 19：45~20：00 | 950 | 580 | 61 | 127.6 | 22 | 81.2 | 14 |
| 20：00~20：15 | 950 | 640 | 67 | 204.8 | 32 | 96 | 15 |

表 4-10 个人开机率与频道占有率

| X 年 Y 月 Z 日<br>时段 | 拥有电视机<br>总人口数<br>（千人） | 开机<br>人数<br>（千人） | 家庭<br>开机率<br>（%） | A 频道 | | B 频道 | |
|---|---|---|---|---|---|---|---|
| | | | | 收看<br>人数<br>（千人） | 占有<br>率<br>（%） | 收看<br>人数<br>（千人） | 占有<br>率<br>（%） |
| 19：00~19：15 | 2 527 | 2 100 | 83 | 588 | 28 | 252 | 12 |
| 19：15~19：30 | 2 527 | 1 750 | 69 | 210 | 12 | 525 | 30 |
| 19：30~19：45 | 2 527 | 1 800 | 71 | 360 | 20 | 324 | 18 |
| 19：45~20：00 | 2 527 | 1 625 | 64 | 406.25 | 25 | 292.5 | 18 |
| 20：00~20：15 | 2 527 | 1 950 | 77 | 507 | 26 | 390 | 20 |

时段开机率与频道占有率的分析主要提供以下两种不同方面的运用：

在电视媒体经营上，各时段在家庭收视及个人收视上的收视规模及各频道在各时段上的占有率变化，所代表的意义与前述的品类销售规模及品牌占有率情况相当类似，如果以一个时段代表一个市场，开机率代表的是品类规模，品类有生命周期，时段同样也有其生命周期，频道上的节目即为品牌，频道占有率则相当于品牌占有率，频道的经营与品牌经营并没有差异。从这个角度来分析，时段开机率与频道占有率，事实上将为电视台提供在经营电视频道方面的重要资讯。

在电视媒体的运用上，根据所设定的对象阶层，分析每个时段的对象开机率以及各频道占有率，除了可以通过品牌设定对象阶层在各时段的收视规模以掌握其收视习惯外，更可以由对象阶层在各频道之间占有率的转换，掌握设定对象的收视流向，其状况就好像了解鱼儿出现时间及其出现在各水道的数量与比率的渔夫，其获鱼量当然是比较有把握的。

收视率的计算基础为总体拥有电视机的单位（家庭、个人或对象阶层），但对有线电视节目的收视率而言，如果计算的基础是以所有可以收看到有线电视的单位为基础，则与无线电视的数据基准不一，所以不可以把两种数据并列比较。在同一基准点上，如果去比较有线电视与无线电视的收视率，必须将有线电视收视率乘以有线电视普及率。

（三）观众组合

观众组合是指一个电视节目的各阶层观众占所有该节目观众的比率。举例说明如下：

表 4-11　　　　　　　　　　　　　　观众组合表

| 频道 | C 频道 | |
| --- | --- | --- |
| 节目 | P 节目 | |
| 日期 | Y 年 M 月 D 日 | |
| 时间 | 21：00~21：15 | |
| 总观众数 | 2 000 000 人 | |
| 男 | 1 300 人 | 65% |
| 女 | 700 人 | 35% |
| 14 岁 | 120 人 | 6% |
| 15~24 岁 | 360 人 | 18% |
| 25~34 岁 | 900 人 | 45% |
| 35~44 岁 | 400 人 | 20% |
| 45 岁以上 | 220 人 | 11% |

　　除了表 4-11 所举的性别及年龄外，其他统计变项（如职业、收入等）也可以列入分析项目，用以从各个角度了解节目的观众成分。

　　观众组合分析与前述占有率一样有媒体经营与使用两个主要功能：

　　在媒体经营方面，理论上，每一个电视节目在推出时皆应有其设定的收视群体，观众的组成可以提供对原设定群体准确度的评估，从检视的角度，了解一个节目既有的观众组成状况，也可以提供节目制作修正方向，以加强吸引既有的设定收视群（设定消费者），或吸引其他收视群（新消费者），提高收视率（即销售）。

　　在媒体使用方面，从媒体计划是为品牌选择最适合的节目的观点出发（在策略上已经决定使用电视媒体的情况下），观众组合资讯所提供的主要是节目的定位检核。如前面所提到的一个电视节目有其吸引的受众群，因此形成观众组合，由观众组合资讯，也可以判断出该节目是归属于哪一个族群，如"妇女节目"、"青少年节目"、"中产阶级节目"、"学生节目"等，节目的归属代表的意义是观众的关心度与接触投入程度。一般而言，族群对属于自己的节目有较高归属感，投入程度较高，连带使广告效果也较高，特别是高收视率且有固定受众群的节目。反过来说，如果品牌所设定的对象阶层所占该节目观众比率非常小，则广告效果可以判定为相对较小，因为他们是在观看不属于他们的节目，当然，关心度及投入程度是有一些折扣的，这种情况可用浪费度的计算加以评估。

（四）媒体区域分析

媒体区域分析，可以了解跨区域媒体在各区域的分布状况，对跨区域行销的品牌将提供媒体整合及提高购买效率的机会评估（表4-12）。

表4-12　　　　　　　　　　设定对象地区收视率与收视人口

设定对象：20~39 岁（男性）

| | | 地区 1 | 地区 2 | 地区 3 | 地区 4 | 地区 5 |
|---|---|---|---|---|---|---|
| 观众总数（千人） | | 2 000 | 150 | 800 | 280 | 3 500 |
| 收视率（%） | 节目 A | 23 | 18 | 34 | 18 | 28 |
| | 节目 B | 12 | 22 | 8 | 14 | 10 |
| | 节目 C | 26 | 12 | 7 | 33 | 6 |
| | 节目 D | 28 | 24 | 24 | 22 | 18 |
| | 节目 E | 4 | 36 | 5 | 7 | 2 |
| | | 地区 1 | 地区 2 | 地区 3 | 地区 4 | 地区 5 |
| 收视人口（千人） | 节目 A | 460 | 27 | 272 | 50.4 | 980 |
| | 节目 B | 240 | 33 | 64 | 39.2 | 350 |
| | 节目 C | 520 | 18 | 56 | 92.4 | 210 |
| | 节目 D | 560 | 36 | 192 | 61.6 | 630 |
| | 节目 E | 80 | 54 | 40 | 19.6 | 70 |

媒体载具：频道 C　节目 P

| | | 地区 1 | 地区 2 | 地区 3 | 地区 4 | 地区 5 |
|---|---|---|---|---|---|---|
| 观众总数（千人） | | 2 000 | 150 | 800 | 280 | 3 500 |
| 性别 | 男 | 65% | 75% | 55% | 20% | 40% |
| | 女 | 35% | 25% | 45% | 80% | 60% |
| 年龄 | 14 岁 | 6% | 2% | 16% | 35% | 60% |
| | 15~24 岁 | 18% | 12% | 25% | 28% | 6% |
| | 25~34 岁 | 45% | 18% | 38% | 18% | 8% |
| | 35~44 岁 | 20% | 35% | 16% | 14% | 12% |
| | 45 岁以上 | 11% | 33% | 5% | 5% | 14% |

### 七、网络媒体评估的基本指标

（一）广告曝光次数

网络广告的广告曝光次数是指某一条网络广告所在页面被访问的次数，如果该页面被浏览的次数越多，表示该网络广告的广告曝光次数越高，通常网站会采用网络计数器对这一指标进行检测。当然，广告曝光次数这一指标并不能真正意义上评价某条广告的实际传播效果，仅能作为参考该网络页面受关注的程度。究其原因主要有以下几方面：首先，有的用户在浏览网页时并没有留意到这一条广告，或是迅速打开又匆匆关闭，抑或是网络速度不行多次刷新，这些都有可能影响数据；其次，如果某条广告被放在网页的重要位置，或是广告本身制作得比较精美，那么就会吸引较多的用户注意，如果这条广告在网页中的位置不好，本身制作又欠妥，那么就很难甚至不引起注意，而两者的广告曝光次数却是相同的。

（二）点击次数和点击率

网络用户在浏览网页时，实际点击某一条广告的次数就是广告的点击次数，相比广告曝光次数而言，广告点击次数可以较为准确地反映广告的效果。用点击次数除以广告曝光次数，就是广告的点击率（CTR）。如果某一网页的曝光次数是1 000次，该网页中某一条广告的点击次数是100次，那么该广告的点击率就是10%。广告的点击率是衡量网络广告的重要指标，但其中仍然存在着不准确性，比如有的用户浏览了网页之后已经对某一条广告产生了兴趣，但因为种种原因没有点击进入，或者有的用户在浏览网页中无意点击了该广告，这也会造成数据和实际情况的不符。

（三）网页阅读次数

网页阅读次数又称PV，是指用户在观看了某一条广告之后，对其产生兴趣，从而由广告的超链接进入广告主网站或者产品网页，用户每浏览一次这样的网页，就称为一次网页阅读，所有的用户对该网页的阅读就称为网页阅读次数。当然，这样的数据也会和实际情况产生一定误差，比如有的用户在点击了广告进入网站之后，因为种种原因并没有详细浏览该网页等。

（四）转化次数和转化率

广告的转化率是指用户点击广告进入广告主网站或产品网页，并发生转化的比例。这里所说的转化是指用户的实际转化行为，比如完成下载、完成注册、商品购买等，其标志是出现转化的页面，如下载成功页、完成注册页、完成付款页等，每出现一次这样的行为，就称为一次转化，加在一起称为转化次数。用转化次数除以广告曝光次数，就是转化率。转化次数和转化率可以较为清晰地反映网络广告和产品销售状况的关系，同时反映网络广告的吸引力。

### 八、网络媒体评估方法

（一）运用访问统计软件调查法

在网络的服务器端可以放置一些专业的软件来对网民的浏览情况和点击情况进行统计，这类软件可以随时了解网民对广告的反映，根据网民的不同行为进行分析和统计，并生成报表供广告主查看。目前市面上有很多这类的广告监测公司，如 Double Click、Netgraphy 等，这些公司也为广告主提供多种类型的广告管理和广告投放解决方案，以帮助广告主更好地投放网络广告。

（二）Cookie 技术测量法

Cookie 技术最早是由网景公司的前雇员 Lou Montulli 于 1993 年发明的。简单地说，Cookie 是个人电脑上的一个小型文件包裹，在这个包裹中记录了用户在上网浏览时的一些动作，包括浏览的网页名称、地址、输入的 ID 号、用户密码等个人信息，当用户下次登录同样的网站时，可以判断该客户是否为合法客户，以及是否可以不输入 ID 或者密码直接登录等。因为 Cookie 文件是用户的私人信息，也是唯一的，这对于广告主了解用户浏览行为和习惯，追踪和建立客户个人信息档案、及时调整广告策略具有很大的参考价值，所以 Cookie 技术被广告主竞相追捧。近年来，该技术也不断受到质疑，主要原因在于它构成了对网络用户隐私权的侵犯，用户担心自己的个人信息被泄露，担心自己的上网行为被监控，因此不少清理软件和浏览器自身都附带了清除 Cookie 的功能，Cookie 的测量难度加大。

（三）第三方检测机构进行评估

对于广告主而言，广告效果的评估非常重要，而很多网站公布的浏览数据都源于自己的统计，其数据的公正性难免受到质疑，因此很有必要选择第三方的检测机构进行评估。目前国际国内这样的第三方评估公司很多，如 Goolge 旗下的 Double Click 公司、尼尔森公司、艾瑞市场咨询公司等。虽然这些公司的检测方法不尽相同，评估结果也会有差异，但不影响其调查的客观公正性，毕竟第三方的检测避免了网站自身作弊的可能，而网站也都乐意选择检测数据对自己有利的检测机构。目前，国际国内都在加快对于统计标准体系的建设和完善，相信在不久的将来，第三方检测机构检测的数据会越来越准确，可以帮助广告主更好地选择网站。

（四）问卷调查法

和其他传统媒介的调查法类似，问卷调查法同样是一种常见的网络媒体评估方法，它包括线上和线下两种方式。线上调查法是指通过电子邮件、页面问答、窗口弹窗、有奖问卷等形式完成的调查方式，其优点在于简单、方便，利于填写，方便统计，但缺点同样明显，如回收率低、用户易消极填写等。线下调查法和其他问卷调查法类似，通过街头随机调查，在杂志、报纸等媒体上刊登问卷等形式进行调查，优点在于接受调查的人回答质量通常较高，缺点在于人力物力的耗费较大，时间跨度较长，而且回收率低。所以，在问卷调查的过程中，应考虑线上和线下结合，并依据科学的抽样统计方法进行调查。

## 第三节　印刷媒体的评价指标

1998 年 11 月 26 日，香港法庭开庭审理香港英文《虎报》涉嫌夸大发行数据一案，被指控的 3 人分别是该报的总经理、财务经理及前任发行总监，他们被指控于 1993 年 10 月 13 日~1997 年 5 月 30 日，串谋星岛集团主席胡某，以不法手段诈骗广告客户，包括每天额外印刷 1 万~2 万份报纸，借此夸大发行量，然后把多余的报纸当做废纸卖掉，并向英国出版销售公证会虚报发行净销量。香港廉政公署 1997 年 6 月接到举报后进行调查，并拘捕了几名《虎报》职员。1999 年 1 月 20 日香港法庭判决：《虎报》相关人员分别被判入狱 6 个月及支付 25 万港元、入狱 4 个月及支付 15 万港元、入狱 4 个月及支付 7.5 万港元。

此举意味着打破报纸发行"吹牛"不犯法的神话的日子离我们越来越近了。

放眼蓬勃发展的中国广告事业，一股暗流正为激烈竞争的报业市场蒙上阴影——隐瞒和夸大报纸发行量的现象已在相当一部分报社严重存在：有的发行只有几千份的报纸居然声称自己的发行数有几万份，而有的发行才几万份的报纸竟敢扬言自己发行有几十万份。于是，有的发行几十万份的报纸当然可以大言不惭地宣传自己的发行量已达到一百万份。而同一份报纸的发行量，向同一家报社的人打听，却常常会得到完全不同的回答，让人无所适从，不知该听谁的才对。

这绝不是危言耸听，针对这种状况有业内人士惊呼：如此下去，中国新闻史上关于这一阶段报纸的真实发行量，也许将不得不令人遗憾地留下一段空白。

有资料显示，在同一个地区，几家报社因对竞争对手在报纸上公布的报纸阅读率数据（其来源是以营利为目的的调查公司）有异议而引发了同业之间的纠纷和官司，这表明不能如实公布经过核查公证的报纸发行数字对报业竞争带来了严重的负面影响。

### 一、发行数字是广告活动的重要依据

报业经济的主要收入来自于报纸的广告，一张报纸之所以能够吸引广告主来花钱刊登广告，固然有报社广告部门招揽业务、制作水平、服务态度等因素，但从本质上说，是因为报纸拥有一定的发行量及一定的覆盖面，体现着一种对社会、人群的影响力，广告主则希望利用这种影响力，达到宣传自己、推销产品的目的。

因此，发行是广告赖以存在的基础。一般而言，发行量的高低、覆盖面的大小，决定了报纸的广告效果（只有在此基础上，广告经营者才能发挥主观能动性）。因此，报纸的发行量资料与其他媒介的覆盖率、收视率资料一样，是广告主、广告经营者进行广告决策的重要内容，它决定广告活动是否进行和如何进行，也是广告主、广告经营者决定选择什么类型的媒介发布广告的重要依据。总而言之，发行量资料是广告活动中十分重要的数据。

**二、印刷媒体评估的基本指标**

印刷媒体的评估基础来自发行量与阅读人口的调查，发行量是广告效果的基础，阅读人口则是在刊物发行基础上经过传阅所产生的扩散效果。发行量与阅读与人口资讯主要通过下列调查方式获得：

（一）发行量

（1）宣称发行量：由刊物本身根据实际印制量扣除未发行份数所宣布的发行量，称为宣称发行量。

（2）稽核发行量：由独立的第三单位对刊物发行量加以查证后所提供的发行量数据，称为稽核发行量资讯由于经过第三单位的查证，因此较为可信。在一般的情况下，没有经过查证的宣称发行量往往较实际发行量夸大。

（3）ABC（Audit Bureau Circulation）：即发行量稽核机构，由广告主、广告公司及刊物所合力组成的非营利性组织，通过严格的查证，提供付费发行量认证。ABC源于美国，现已为各媒体成熟市场广泛使用。

（二）阅读人口资讯

阅读人口资讯包括一个市场各阶层对各刊物的接触状况、一份刊物在各市场的读者组合，以及设定对象阶层在各市场对各刊物的阅读人口数量。阅读人口资讯一般通过刊物读者调查方式取得。刊物本身通过对读者的抽样调查，取得调查地区各刊物的阅读率、阅读人口、阅读时间及地点等资讯。

在发行量经过查证的情况下，刊物所提供的阅读人口资讯具有较高可信度。在一般情况下，通常使用第三单位提供的资讯，因其立场较为公正，且无利害关系，资讯可信度也较高。

在这里，我们要弄清两个概念：发行量是指一份刊物每期实际发行到读者手上的份数；而印制量是指一份刊物每期实际印制的份数。两者指的都是刊物单期发行或印制的数量，因为个别刊物有其不同的发行周期，所以以全年发行量或固定期间的发行量去计算，并不具太大意义。

发行量与印制量经常被混为一谈，事实上两者并不是同一概念：发行量为实际到达读者手上的份数，而印制量则是一份刊物的印刷数量，并不一定发行到读者手上，因此发行量应该小于或等于印制量。发行量与印制量的评估重点为刊物的单期印制数量及发行数量。

发行量可以细分为付费发行量（又分成订阅发行量与零售发行量）和赠阅发行量：

订阅发行量：发行量中属于长期订阅部分的发行量。

零售发行量：发行量中属于单期购买的发行量。

赠阅发行量：发行量中以非付费方式发出的份数。

上述几种类型的发行量在评估上有其不同的价值，订阅发行量的读者对刊物具有较强烈的信心与兴趣，对刊物的投入程度也较高，因此具有较高价值；零售发行量次之；赠阅发行量则大部分并非读者选择的结果，因此价值最低。

阅读人口：固定时间内阅读特定刊物的人数。

阅读率：在固定时间内阅读特定刊物的人口占总人数的比率。

对象阅读人口：在固定时间内，对象阶层阅读特定刊物的人数。

对象阅读率：在固定时间内，对象阶层阅读特定刊物的比率。

阅读人口与发行量不同的是，发行量是从刊物角度去了解每期发行份数，而阅读人口则是从读者角度去了解接触个别刊物的人数，所以发行量指的是每期刊物。阅读人口可以分为付费阅读人口和传阅人口。

付费阅读人口：在阅读人口中，属于付费取得刊物的阅读人数。

传阅人口：在阅读人口当中属于非付费间接取得刊物的阅读人数。

与发行量分类意义相同，付费阅读人口具有较高价值，传阅人口则价值较低。

传阅率（平均传阅率）：每份刊物被传阅的比率，例如，一份刊物被3人阅读，其传阅率即为3，被5个人阅读，传阅率即为5，平均传阅率即为每一份刊物平均被传阅的比率。

不同于电波媒体，印刷媒体由于不会随时间消失，所以可以有传阅效果。每份刊物依其受欢迎程度、销售价格而有不同的发行量、传阅量以及阅读人口。阅读人口、发行量与传阅率之间的关系为：阅读人口＝发行量×传阅率。

阅读人口特性：每份刊物阅读人口的统计变项结构，包括性别、年龄、教育、职业、收入率，其计算方式与电视频道或节目的观众组合相同。

刊物地区分布：对于跨地区发行的刊物而言，刊物在不同区域内有不同的媒体接触状况，形成刊物在地区分布上的差异。在执行上，有些刊物会依不同形式加以分版，如按地区分为华东版、华南版等。广告主可以按需求选择合适的版面，以接触所有阅读人口，同时享受多版折扣，这是印刷媒体特有的现象（表4-13）。

表 4-13                                  设定对象地区阅读率与阅读人口表

设定对象：20~39 岁（男性）

|  |  | 地区 1 | 地区 2 | 地区 3 | 地区 4 | 地区 5 |
|---|---|---|---|---|---|---|
| 人口数（千人） | | 2 000 | 150 | 800 | 280 | 3 500 |
| 阅读率<br>（%） | 刊物 A | 23 | 18 | 34 | 18 | 28 |
| | 刊物 B | 12 | 22 | 8 | 14 | 10 |
| | 刊物 C | 26 | 12 | 7 | 33 | 6 |
| | 刊物 D | 28 | 24 | 24 | 22 | 18 |
| | 刊物 E | 4 | 36 | 5 | 7 | 2 |
| 阅读人口<br>（千人） | 刊物 A | 4 600 | 27 | 272 | 50.4 | 980 |
| | 刊物 B | 240 | 33 | 64 | 39.2 | 350 |
| | 刊物 C | 520 | 18 | 56 | 92.4 | 210 |
| | 刊物 D | 560 | 36 | 192 | 61.6 | 630 |
| | 刊物 E | 80 | 54 | 40 | 19.6 | 70 |

媒体载具：刊物 P

|  |  | 地区 1 | 地区 2 | 地区 3 | 地区 4 | 地区 5 |
|---|---|---|---|---|---|---|
| 人口数（千人） | | 2 000 | 150 | 800 | 280 | 3 500 |
| 性别<br>% | 男 | 65 | 75 | 55 | 20 | 40 |
| | 女 | 35 | 25 | 45 | 80 | 60 |
| 年龄 | 14 岁 | 6 | 2 | 16 | 35 | 60 |
| | 15~24 岁 | 18 | 12 | 25 | 28 | 6 |
| | 25~34 岁 | 45 | 18 | 38 | 18 | 8 |
| | 35~44 岁 | 20 | 35 | 16 | 14 | 12 |
| | 45 岁以上 | 11 | 33 | 5 | 5 | 14 |

### 三、广告业呼唤发行核查机构

广告主、广告经营者想在报纸上刊登广告时，当然要对报纸的发行量及读者分布状况等有一个真实的了解。按照广告法的规定，报社必须提供真实的发行量，不能故意夸大，否则会给广告主、广告经营者造成误导及损失，报纸本身也会自毁商业信誉，最终导致自己的广告收入受损。但是，中国至今还没有一个公正、公开、权威的统计与公布报刊发行量的机构。目前，除了北京、上海、山东等极少数几家报社由公证处公证发行量以外（这种做法尚难以保证发行数据的公正、公开和权威性），一般都是由报社自己向外宣布发行量。在招揽广告时，不少报社往往会有意夸大自己的发行量，有的会把发行量吹大好几倍。

我们的报社从过去只知道发行量具有社会效益，而不知道它具有经济效益，到知道它具有社会、经济双重效益，这显然是一个根本性的飞跃。但是，我们决不能又走进一个似是而非的误区，那就是把本该公开的资料看做是保密的经济情报，从而有意无意地把自己在市场经济中应当承担的义务推卸掉。

作为大众传播媒体，不论是报纸的发行量，还是电视的收视率、广播的收听率等，除了以认真负责的态度自己如实公布或委托有资格的专业调查机构公布外，还必须有专门的核查机构予以核查公证。

目前，中国报业协会和中国广告协会正一方面通过各种渠道呼吁，另一方面会同政府有关部门积极努力，以使核查并公布报纸真实发行量成为切实可行的举措。广大读者和广告客户如对某媒体公布的发行数量怀疑，可以理直气壮地通过多种途径投诉、举报，依法维护自己的权益。只有社会各方面提高自我保护意识，才能使虚报、夸大报纸发行量这类欺骗误导消费者的行为在市场竞争中无藏身之地。

核查并公布报纸真实的发行份数，是报业以诚信对待客户、公平竞争的需要，也是报业市场走向成熟的标志，更是众多愿意有公平、公正竞争环境的报人的期盼。

## 第四节　户外媒体评估

前述电波媒体、印刷媒体，除少数新频道、新刊物外，绝大多数是既存于市场的媒体，因此可以通过对过去资料的分析预测将来的数据。户外媒体则绝大多数为原来并不存在，而是新创造出来的具有广告功能的媒体，因此很少有资讯可以利用，同时户外媒体的载具形式太过纷杂，更增加了评估的困难度。

户外媒体是地区性媒体，因此评估主要集中在媒体和受众两个方面，跨区域的评估意义不大。

受众方面：设定目标对象活动路线可能接触到户外广告的地缘位置价值，即户外载具所可能接触目标消费者的数量。评估的方式为在户外载具所在地，以摄像机从能见的各角度在载具露出时间摄下经过的人群，面孔正面朝向户外载具的总人数，即为该载具的接触入口，接触入口组合分析可以由街头抽样调查方式取得，或从外观判断。

媒体方面：户外载具本身的形式及大小，即载具本身被注意的能力。在评估上可以从高度、尺寸、能见角度、材质区域划分及指数设定、高度指数、能见指数、材质指数等要项检视。

高度：在高度的评估上，一般认为高度越高的户外载具价值越高，事实上，依照受众行为习惯分析，载具高度评估应以平视能见为最佳高度。高度越高，价值越大的，因为高度较高其辐射范围较大。接触面较广，指的是受众较多，不应该重复出现在高度的评估上。高度的评估指的是纯粹载具本身被注意能力的评估。

尺寸：户外媒体的尺寸指的是受众能看到的尺寸，并不是载具实际的尺寸，载具与受众距离越远，所呈现的尺寸也越小。在评估上可以把受众在不同的接触距离能见到的载具所呈现的尺寸大小，加以分级评分。

能见角度：即在载具所有可以被看到的角度中，各接触角度的效果评估，正面角度接触效果最为完整，侧面效果较差；受人潮流向的影响，来向具有较佳效果，去向则效果不如来向；单面载具只有单向接触面，四面媒体则有四个方向的接触面。载具的能见角度会受到遮挡，在评估上也是以各角度的显示效果加以分级评分（图4-1）。

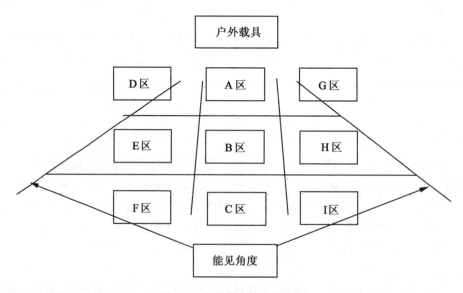

图4-1　户外载具能见角度图

材质：户外载具材质所涉及的呈现创意的能力以及载具本身的吸引，包括呈现精致创意的能力、载具的亮度以及声音等。

区域划分及指数设定：户外载具所接触的为流动的受众，受众从各个不同的距离、角度接触不同高度与材质的载具所产生的效果会有所不同。因此，为使评估具有客观量化的标准，首先将整个接触面分隔为数个区域，单需载具一般可以划分成9个区域，各区域拥有不同的受众人数；再依各区域在上述评估项目上的指数计算出各载具的价值，指数的设定可以依照下列方式加以量化。

高度指数：设定平视高度（约10~20米的高度）为100，以载具高度的中心点为准，往上（或下）每提高（或降低）10米则递减10。

能见指数：以对向载具正面且距离最近的区域为100，距离较远则指数递减；载具侧面称指数，则以侧面角度观察的载具尺寸比率为指数，距离较远则指数同时递减。

材质指数：材质指数为较难量化项目。由于材质种类繁多，对各类广告商品及活动的要求所提供的价值不一，因此一般以主观认定为主，在具体操作时仍可以先设定一个最符合要求的材质为100，再根据各不同材质相对最佳者的价值制定指数。例如，PVC材质，可以提供精致印刷且颜色亮丽，在所有材质中最能符合商品创意表现需求，设定指数为100；油漆材质，容易失真且颜色较暗，仅及PVC的70%，因此设定指数为70（表4-14）。

表4-14                      **户外载具评估表**

载具：X

| | 受众人数 | 高度指数（%） | 尺寸指数（%） | 能见指数（%） | 材质指数（%） | 合计（人） |
|---|---|---|---|---|---|---|
| A 区 | 7 500 | 80 | 80 | 100 | 80 | 4 800 |
| B 区 | 9 200 | 100 | 100 | 90 | 80 | 5 630 |
| C 区 | 12 000 | 90 | 90 | 80 | 80 | 4 838 |
| D 区 | 1 400 | 80 | 80 | 50 | 80 | 448 |
| E 区 | 2 300 | 100 | 100 | 60 | 80 | 938 |
| F 区 | 4 500 | 90 | 90 | 70 | 80 | 1 588 |
| G 区 | 2 400 | 80 | 80 | 55 | 80 | 845 |
| H 区 | 3 500 | 100 | 100 | 65 | 80 | 1 547 |
| I 区 | 5 000 | 90 | 90 | 75 | 80 | 1 890 |
| 合计 | | | | | | 22 524 |

载具：Y

| | 受众人数 | 高度指数（%） | 尺寸指数（%） | 能见指数（%） | 材质指数（%） | 合计（人） |
|---|---|---|---|---|---|---|
| A 区 | 9 500 | 70 | 70 | 85 | 100 | 5 653 |
| B 区 | 12 000 | 90 | 90 | 70 | 100 | 6 804 |
| C 区 | 11 500 | 80 | 80 | 55 | 100 | 4 048 |
| D 区 | 2 500 | 70 | 70 | 85 | 100 | 744 |
| E 区 | 3 400 | 90 | 90 | 70 | 100 | 1 285 |
| F 区 | 5 500 | 80 | 80 | 55 | 100 | 1 694 |
| G 区 | 2 800 | 70 | 70 | 85 | 100 | 916 |
| H 区 | 4 500 | 90 | 90 | 70 | 100 | 1 843 |
| I 区 | 6 500 | 80 | 80 | 55 | 100 | 2 145 |
| 合计 | | | | | | 25 132 |

# 第五章　广告媒体的成本概论

在前面的章节中，我们介绍了媒体的基本理论，对媒体的基本概念和术语有了初步的了解。但在制定媒体策略时还会遇到问题，或者是没有足够的资金实施最佳广告媒体方案，或者是怎样以最小花销取得最大广告效果，等等，这些都需要有新的媒体理论加以解决。这就是本章中所要介绍的媒体成本理论。

## 第一节　广告媒体的成本计算

### 一、每千人成本

每千人成本（简称 C. P. M）是指把广告信息送到 1 000 个家庭、用户或广义的对象消费者所需的广告费用。其计算公式为：

$$每千人成本 = \frac{全部媒体费用}{受众总数} \times 1\ 000$$

每千人成本可用于计算任何媒体、任何人口统计群体及任何总成本。它可便利说明一种媒体和另一种媒体的相对成本。

运用每千人成本可以选择最佳媒体。如表 5-1 所示：

表 5-1　　　　　　　　　　　每千人成本表

|  | 总样本（元） | 家户数（户）每千 | 每千人成本（元） |
|---|---|---|---|
| 节目Ⅰ | 40 万 | 100 万 | 400 |
| 节目Ⅱ | 30 万 | 100 万 | 300 |

由表 5-1 可以看出，节目Ⅰ每千人成本为 400 元，节目Ⅱ每千人成本为 300 元。所以节目Ⅱ是最佳媒体。

这种媒体选择法只是一般原则，但在实际工作中，还要对每千人成本做进一步分析，看广告受群体是读者、听众还是观众，因为不同媒体的信息接触者对信息的认知度是不同的。假如在报纸上登广告，每千人成本是 0.2 元；在电视中做广告，每千人成本是 2 元，根据每千人成本，好像报纸比电视好，但实际上报纸并不一定好于电视。因为电视能刺激人的形象思维，它的传播效果要好于报纸。

在实际应用中还要考虑另外一点，就是看每千人成本与广告所要求的目标消费是否一致，即使是某种媒体的每千人成本费用很高，但如果它的广告对象与广告目标消费者完全一致，那就要选择这种媒体，而不要选择那些与自己的产品毫不相干或关系不大的媒体。

运用每千人成本原则还要注意，即使两种媒体每千人成本费用相同，传播效果也未必相同，权威性媒体其传播效果相对要好于其他媒体。

## 二、视听率每点成本

视听率每点成本也称每毛评点成本，即在广播电视媒体购买视听率每点的成本。

例如广告预算费用是 2 万元，而所要购买广告视听率是 2 000%，那么用 2 000 除以 2 万，即可得视听率每点成本 10 元（每百分点成本）。

所花成本因市场、所购买节目类型以及购买时间不同而不同。媒体计划者因此要考虑在不同时期使用适于估计的视（听）众每点成本。例如某市场全年因季节不同有低到 6~13 元的差异，如果广告计划者有 2 万元预算，平均可获得 2 000% 的视听率，但如果在 7~9 月需要 2 000% 的视听率，那么费用仅需 1.2 万元。如表 5-2 所示：

表 5-2　　　　　　　　　　　**视听率每点成本表**

| | 视听率每点成本（元） | 视听率（%） | 预算成本（元） |
|---|---|---|---|
| 全年平均 | 10 | 2 000 | 20 000 |
| 1~3 月 | 11 | 1 818 | 22 000 |
| 4~6 月 | 8 | 2 500 | 16 000 |
| 7~9 月 | 6 | 3 333 | 12 000 |
| 10~12 月 | 13 | 1 538 | 26 000 |

## 三、视（听）众组成

视（听）众组成是指每一统计组中各部分视（听）众的百分数列示。

视（听）众组成可以清晰地表明每一个别广告媒体视（听）众组成的集中度，所以分析视（听）众组成的目的就是要了解目标视（听）众。如表 5-3 所示：

表 5-3 视（听）众组成表

| | 节目 I | | 节目 II | |
|---|---|---|---|---|
| | 人数（万） | 百分率（%） | 人数（万） | 百分率（%） |
| 男士 | 45 | 45 | 35 | 35 |
| 女士 | 20 | 20 | 30 | 30 |
| 10~18 岁 | 20 | 20 | 30 | 30 |
| 10 岁以下 | 15 | 15 | 5 | 5 |
| 总计 | 100 | 100 | 100 | |

据表 5-3，我们可以分析出节目 I 与节目 II 各自的视（听）众群体倾向。

视（听）众的组成因媒体类别的不同而有较大的差异，在某一类别中又因特定个别广告媒体差异而有不同。如电影影片在电视中放映就是一种类别。不同影片吸引不同的视（听）众，电视片视（听）众组成与电影影片视（听）众组成也有较大差别。每一个别广告媒体都应与其他媒体分开加以分析。

## 四、报纸读者数

报纸读者数是指某一指定日期出版的报纸的全部读者，它不管读者取得报纸的方式。通常取得报纸的方式有以下几种：

（1）报纸基本读者：订阅全年或半年报纸的读者。

（2）传阅读者：既不是订阅也不是购买，而是从其他读者手中传阅观看的读者。

（3）零买读者：不定期零买报纸的读者。

有几个因素影响报纸读者数：

第一，发行范围。发行于高潜在率的读者范围内，就会使更多的人成为传阅读者。如候车室等。

第二，内容质量。如某一天报纸内容质量高，可读性强，信息量大，就会使零买读者层骤增。

报纸读者群的特点是平均每份报纸读者人数越大，被传阅的机会就越小。

## 五、刊物读者数

刊物读者数是指某一指定期号杂志的全部读者，不管他们怎样收到杂志，在什么地方阅读，或阅读程度如何。杂志有以下几种类型的读者：

（1）基本读者：购买杂志的读者。

（2）传阅读者：既非订阅也非购买杂志的读者。

（3）居家读者：在家中阅读杂志的基本读者和传阅读者。

有些研究者指出，居家读者比户外读者有更大价值。居家读者通常会花更多时间，经常阅读杂志，并从杂志上较户外读者得到更大满足。

## 六、到达率、暴露频次与毛评点

到达率是指看到或听到广告的视（听）众的百分率。暴露频次是指广告视（听）众暴露于广告排期表下的平均次数。毛评点是指由特定的个别广告媒体所统计的收视率总数，毛评点为一百分数。

到达率与暴露频次可用来分析可选择的刊播日程表，以决定哪一个媒体对实现广告目标产生比较好的结果。如表5-4所示：

表5-4　　　　　　　　　　　　　　**到达率与暴露频次表**

|  | 计划Ⅰ插播次数 | 计划Ⅱ插播次数 |
|---|---|---|
| 电视黄金时段 | 5 | 3 |
| 白天电视广告 | 10 | 5 |
| 到达儿童率 | 80% | 60% |
| 平均暴露频次 | 2.4 | 4.5 |

在表5-4中，如果以到达率为唯一选择计划标准，我们会选择计划Ⅰ；如果认为暴露频次重要，就会选择计划Ⅱ。

除去其他因素干扰，强调以到达率或平均暴露频次作为尺度的标准，如表5-5所示：

表5-5　　　　　　　　　　　　　　**强调到达率或暴露频次表**

| 内容　项目 | 强调到达率的情况 | 内容　项目 | 强调暴露频次的情况 |
|---|---|---|---|
| 1 | 新产品 | 1 | 竞争者强大 |
| 2 | 扩展中类别 | 2 | 说明复杂 |
| 3 | 副牌产品 | 3 | 常购买品类 |
| 4 | 强品牌加盟 | 4 | 品牌信誉度弱 |
| 5 | 不限定的目标市场 | 5 | 目标市场范围狭窄 |
| 6 | 难买品种 | 6 | 消费者对品牌抗拒 |

人们在广告活动中经常把到达率、暴露频次与毛评点三个术语一起运用，其公式是：

$$暴露频次 = \frac{毛评点}{到达率}$$

## 七、测试与评估

每一媒体计划实施前都应做相应的测试，预测未来的市场状况，其目的在于将花费于媒体的费用风险减到最小，这就是广告的测试。

测试能为我们提供以下资讯：

（1）花费程度：与现在花费程度进行比较的资料。

（2）分配宗旨：花费多少在可获得收益的市场，花费多少在无生意的市场。

（3）媒体组合：完全使用与现在不同的媒体，还是联合使用。

（4）方案长度：使用 30 秒广告还是 10 秒广告好，使用全面广告还是半页广告好等。

（5）广告排期表：持续安排广告效果好还是交叉安排广告效果好。

测试首先要选择测试市场，测试市场的选择标准必须是能作为全部市场的代表。

当广告运动结束后，通过各种方式对广告运动事前的目标进行事后的测定称为评估。

在标准评估中，目标市场和广告范围内消费者，都会被询问他们对广告信息的意见、态度及行动，然后将测定结果与广告运动目标进行比较，以确定广告投资的满意程度。

评估广告运动一般都是在市场上对消费者进行。测定的内容和方法如下所述：

第一，测定知名度。知名度是对产品了解的一种测定。有以下 4 种方法：

（1）是与否：例如，"你知道飞亚达表吗？"回答知道或不知道。

（2）开放式：例如，"你能回答出琴岛—利勃海尔牌冰箱是哪家的产品吗？"这种方法比第一种可获得多一些的信息。

（3）选择答案式：例如，"请回答，下列产品中哪些是沈阳飞龙保健品有限公司生产的？"选择下面几种答案：骨质宁擦剂、元胡止痛颗粒、龙虎牌清凉油、芬必得。易于回答也可从中获得公司的传播信息。

（4）评分式：例如，"与其他果茶相比，你认为花旗茶怎么样？"从下面答案中选择：较好、相同、不如、好。

第二，测定回忆。通过测定回忆可了解消费者了解广告的程度。有两种测定回忆方法：

（1）无辅助回忆法：例如，"你能想起这几周内做过什么牌子的电视机广告吗？"不给被调查任何品牌的信息。

（2）辅助回忆法：例如，"你记不记得最近看过百龙矿泉壶的广告片？"这种方法给被试者提供了辅助信息。

第三，测定态度。确定广告受询者的态度，以了解接受程度。有以下5种方法：

（1）直接询问法：例如，"请描述一下康菜蛋酥卷的做法。"

（2）评分法：同上述开放式。

（3）核对表法：例如，"在你买面粉时，下面哪一项对你比较重要？"从下面答案中选择：价格、包装、筛选过、制造商声誉。

（4）语意差异法：例如，"你会说使用兰花味素的人是：一位好太太或一位懒太太？"

（5）部分结构访问法：例如，"请你跟我说一说当你烘烤时，对面粉、牛奶、奶油的感觉。"

第四，测定品牌使用习惯。品牌使用习惯是对广告运动效果最后的测定。在对消费者访问时，主要包括有关过去、现在及未来对品牌使用习惯的一系列问题，例如：

（1）"你一般使用什么牌子的味素？"

（2）"你上次买的是什么牌子的味素？"

（3）"下次你想买什么牌子的味素？"

事前测试与事后评估是配合运用的，因为如果无事前测试，那么事后评估就无参照物，所以测试与评估是广告运动的前提和结论。

## 第二节　五大媒体的广告费用计算

### 一、报纸广告费用计算

一般来说，各报对刊登不同面积的广告费用，都有明文规定，根据这种规定，可计算出相对广告费用：

$$相对广告费用 = \frac{每\ cm^2\ 价格（或每行价格）×实际使用面积（或行数）}{发行量}$$

由于各种报纸的性质和发行量不同，各报的广告费高低标准也不完全相同。要单纯比较广告费用的高低，可借用国外通用的百万份广告费的计算法，即：

$$1\ 行的广告费×10\ 000\ 000÷平均每期发行份数$$

### 二、杂志广告费用计算

杂志广告的价格计算是一个比较复杂的问题。由于杂志广告是分散在每期杂志之中的，并不像报纸广告那样一打开便一览无余。所以，杂志广告各部位的广告注意价值是不相同的。

（1）封面和封底广告注意价值最大，封面又优于封底。封底注意率大约为封面注意率的 80% 左右。

（2）封二、封三和它们对页的广告次之。如以封面被注意程度为 100% 作比较，则封二的被注意程度为 70%，封三则为 65%。

（3）首篇以下，正文前后的文选和补白广告更次之。

目前，国内杂志广告大多在有限的位置上，即封底、封二、封三等处刊登。其广告费用，一般是按页面积、位置、版位大小计算的。

杂志广告费的比率，可以按前述报纸的百万份广告费的办法来计算，只将每行广告费用改为每页广告费用即可，也可以按平均每千册中一页的价格来计算，即：

$$1 页的广告价 \times 1\,000 \div 平均每期发行总数$$

从这个比值来看，越是发行量大的杂志，其广告费越便宜。

另外，还可采用下列公式计算相对广告费用：

$$相对广告费用 = \frac{每页价格 \times 实际使用页数}{发行量}$$

国内杂志种类繁多，至少在 3\,000 种以上，每期杂志可以用 8% 的版面登广告（据工商管理有关规定）。目前，一般杂志都刊载广告，而且大多未达到 8%，因此，在杂志上刊登广告是比较容易的，费用也是较低的。

**三、电视媒体广告费用计算**

电视媒体的广告费用最高，除了要支付电视台广告播出费外，还要支付昂贵的广告制作费。但一次制作的广告片可以多次重复播用，因此，应充分利用这一点，以降低相对广告费用。

$$相对广告费用 = \frac{每分钟播放费 \times 实际播放时间（分）\times 次数 + 制作费}{每次预计收看人数 \times 次数}$$

**四、广播电台媒体广告费用预算**

广播电台媒体的广告费用较其他媒体是最便宜的。一般来讲，广播电台的广告费用，只是电视广告费用的 1/10 左右。按国家规定，地方广播电台每分钟广告费为 40~100 元，中央广播电台要高一些。

**五、互联网媒体广告**

一般来说，每个网站都会根据浏览的人数和页面位置的不同收取不同的费用，主要有以下几种网络广告费用计算方法：

（1）千人印象成本（CPM）。这是指某一条广告产生 1 000 个印象数的费用，如果某一条广告的单价为 10 元/CPM，则表示每 1 000 个人看到这个广告就要支付 10 元的费用。

$$CPM = \frac{总成本}{广告曝光次数} \times 1\ 000$$

（2）每点击成本（CPC）。这是指用户每单击一次广告，广告主需要支付的费用。如果一条广告的总成本为 1 000 元，其中该广告被点击了 10 000 次，那么这则广告的每点击成本为 1 000÷10 000＝0.1 元。

$$CPC = \frac{总成本}{广告点击次数}$$

（3）每行动成本（CPA）。这是指用户每点击广告并形成行动之后，广告主需要支付的费用。如果每条广告的成本为 1 000 元，最终发生转化 100 次，那么这则广告的每行动成本为 1 000÷100＝10 元。

$$CPA = \frac{总成本}{转化次数}$$

应该说，五大媒体广告费用的计算并不是这么简单，因为影响媒体广告费用的因素很多，诸如收视（听）率、时段、季节、收视习惯等。因此，不同地域的不同媒体其广告费用的收费标准是不同的。以上关于五大媒体的广告费用计算方式仅供参考，广告主需要及时地了解各大媒体不断变化的广告价格，随时掌握媒体的相关信息，以便准确测算出企业的广告费用。

# 第六章 媒体目标

所谓媒体目标是根据行销上所赋予传播的任务，而在媒体上所必须达成的目标。不同的行销目标与广告角色的定位，将使媒体在目标的界定上有所侧重。

媒体目标的制定，首先应掌握一些十分必要的资讯，如你的公司及产品的定位，你的产品市场在哪里，你的行销政策是什么，你的竞争对手是谁，等等，这些资讯信息的收集是非常重要的；其次是目标阶层的设定，如消费者结构的分析、品牌购买风险的分析，等等。

## 第一节 必要的资讯

媒体目标的设定，是为了更有效地实现广告效果。为此，在做广告之前，先对商业运作有彻底的了解是十分必要的。考虑使用广告之前，你必须对你的行业有完全的背景知识，因为除非广告能反映你的商业特点，否则广告是无法达到最佳效果的。

### 一、公司及产品

对公司的各方面要有全面的了解：它是老公司吗？它的总公司在哪里？公司有足够的资金来做大型的广告宣传吗？等等，所有这些因素都会有影响，不仅影响到广告的大小形式，也会影响到广告的内容。

同样重要的是对广告产品和服务要有全面的了解，因为这会影响到媒体的政策及创作的内容。

产品的价格、大小、色彩、气味、包装都是很重要的，你的公司生产数量极限在哪里？你的公司产品的用处在哪里？它只是一项用途还是多项用途？比如，若将食谱附在你的产品之内，而指出产品的额外用途，则可能会增加销售量。你的产品有保证或有售后服务吗？对使用者而言，售后服务比产品本身更重要。

很明显，所有这些考虑都会直接影响到你的广告计划，不论这些事实是由你的生产人员提供给你，还是你自己试用产品而得知，你都必须取得这些重要的资料。更进一步，你必须确知在有任何改变之前你会提早知道。完全了解你的公司及产品之后，你就可以来研究可能购买你产品的消费者了，这也就是广告学所谓的"市场研究"。

## 二、市场分析

你对产品的可能购买者必须有清楚的概念，他们是男人还是女人？是已婚还是单身（包括他们的年龄、收入、社会阶层、职业）？是谁实际购买？谁会影响购买的决定？有时候实际购买者是家庭主妇，但是很可能是他们的丈夫或孩子的需要。也许你的潜在顾客是有特殊兴趣的个人。也许购买者是一个组织而不是个人。不论如何，你必须清楚谁会购买你的产品，谁会影响购买的决定。

你的顾客在哪里？是在当地，还是在另一个地方？抑或是遍及全世界？很明确，这会影响你进行广告宣传的区域。顾客何时购买你的产品？多久买一次？这会影响你广告的时间及次数。购买你产品的人是随时可决定买，还是需要经过长时间的考虑？考虑的时间有多长？这也会影响到你广告的时间及类型。

你的产品对顾客有什么用？他们为什么会买？为什么会选择某个牌子？他们对牌子的忠实程度如何？是否有些人特别喜欢你的产品？可能的购买者有多少？是否有些购买者比别人用得多？这些人数量在增加还是在减少？增加或减少的速度如何？

许多现存的调查团体或与广告计划有关的人大多注意到购买者与非购买者在人口统计上的区别（包括年龄、收入及社会等级等）。但是有时人口统计资料并不能显示出真正的区别，例如有时候你认为态度及兴趣与社会等级有关，而事实上却无关。

由于传统分类的缺点，使新技术得以发展。新的方法是以性格来区分某个产品的购买者与非购买者，而不是采用传统的人口统计方法。生活形态或心理调查是了解你的顾客的新方法。收集有关大众的态度、兴趣及活动的全面资料，可以规划出消费者的真实形象，这比传统的分类法要好。许多重要人物断言，这种方法显示了辨明新的市场区分与机会的潜力，也同时对广告提供了额外有用的资料。

另一个区分市场的方法是依调查服务公司所发展的生活形态分类。这个分类法将消费者依个人的生活形态、收入与支出将人口分成"白领"或"蓝领"阶层、将有子女的家庭等类别，最后又各分成较富或较贫两类。这种分类要使每类的组成分子尽可能相似。他们在相似的生命阶段，有相似的可自由支配的收入及相似的文化特征。这个分类法的目的是将不同的行为模式表现于媒体行为及产品使用上。这个分类是以全国读者身份调查资料为基础而提供的标准人口统计以外的资料。

还有一种区分市场的方法是考虑消费者的媒体习惯及态度。例如，要想了解一个女性是否重视服装，就是看她是否经常看时装杂志。已有许多公司"极常用"、"常用"、"偶用"、"不用"其产品来区分他们的市场。同样的方法也可用来区分媒体的使用。有些广告客户将他们的目标市场与媒体的接收情形衔接，将市场依媒体使用情形分成四类：双重高使用率（对电视及出版类两种媒体都常使用）、喜欢电视（较常接触电视而较少阅读）、喜欢杂志（较常阅读而较少看电视）、双重低使用率（两种媒体都较少使用）。随着互联网技术的发展，越来越多的人采取了网上购物的方式。而网络正好是综合了图片、影像和文字等要素的，其影响力正在不断地上升。这种分类与产品的使用情形连接，则可帮助你选择、计划媒体运用。这个分类法是基于目标集团指数资料，可提供连接市场与媒体的额外资料。

在你选择媒体接近你的目标市场时，你应该记住：广告传达信息是双向的——你的消费者如何使用你用来传达信息给他们的媒体？

事实上，你可能发现会有超过一个以上的相似目标集团，因此使用时用市场区隔较用整个市场更为正确。要得到有效的媒体计划，必须清楚地辨明市场区隔并规划其大小、趋势及优先次序。没有这些知识，你如何能建立一个媒体计划来传递广告信息给你的选择对象呢？

要使广告有效，所有这些市场因素的知识都是十分重要的。在媒体计划开始之前，你必须花相当多的时间及金钱做调查，因为除非对你的市场区别有清楚的了解，否则无法选择媒体或创作广告。同时，你的市场不是永远很稳定的，它经常在改变，有旧的顾客离开，也有新的顾客加入。新的顾客可能会有所不同，因为以前成功的广告现在不一定会得到相同的结果。市场的资料必须永远保持最新，而你的政策也必须随之调整，事实上市场趋势研究是一项永远没有句号的工作。

了解你的产品及市场之后，第三步则是需要研究你的公司将如何去销售这些产品，也就是行销政策。

### 三、行销政策

广告政策应该反映公司的行销政策，同时也受其影响。你的广告与许多市场因素有直接的关系。你的广告是为了介绍新产品，还是推销现有的产品，或是想要制止产品销售量下降？如果广告的目的是为了增加销售量，要如何去达到？广告是针对某个特殊区域的吗？你产品的分配是全国平均，还是依地区而不同，或仅限于某个区域？许多公司将它的销售领域分成多个区域，因此，整个市场的作业包含了多个个别的推销力量。一个"转动"的产品介绍可能需要较长的一段时间，先在一个区域推销成功，再转至另一个区域，直到全国（甚至国际）的区域都被推及，这种作业很明显会影响到媒体计划，因为在开始介绍期间可能需要在适当的区域发出大量的广告，然后在以后的几个月再继续做广告，以提醒消费者。就算产品的销售是全国性的，你也可能决定在某个地区加强广告。因此，市场的决定直接影响了媒体的选择，要有效地使用广告选择，你必须了解整个政策。

例如，你的销售组织的结构是怎样的？你的公司有多少推销员？他们需要多久完成一轮接触？他们是直接接触零售商还是必须依赖批发商？连锁商店有多少支配的力量？你的产品是到处都有，还是仅限于某些零售商店？是在网上营销还是网络与实体相结合？需要以地区的代理商为号召便会影响到媒体的选择。你的销售折扣足以与人竞争吗？你的公司优于或劣于同业竞争者？促销政策的不同可以使制造商采用"推"或"拉"的销售方法。后者是给零售商极少的折扣，但以大量的广告促销。零售商虽然每单位的折扣很少，但由于广告使需要量大为增加，于是零售商必须大量购入存贷以备需求。后者是花很少的钱在对一般大众的广告上，而给予零售商较大的折扣，这样可促使零售商来促销你的产品。当然，事实上你不可能过分地采用这两种方法，但这些因素都会影响你是否采用广告及采用广告的时间。

彻底了解你的公司、产品、市场及市场政策后，下一个步骤是要研究过去的广告。

### 四、过去的广告

你必须仔细查看以前出现过的广告及其结果，吸取经验以增进以后广告的效用。仔细检查广告的结果可以导致效率的增加，以同样的支出得到更好的结果，或以较少的支出得到同样的结果。不论怎样，对公司都有很大的好处，因此过去广告的结果绝对不可忽视。在过去哪个广告公司被证实最有效率？什么样的广告创作方式最能吸引顾客？广告的大小、位置、色彩、时间的影响是什么？广告的形式是平面媒体，还是电视或者网络？计划将来的广告前，必须先查看以前的广告结果以供参考。评估今年的广告结果可作为明年广告的基础。这个调查与研究的初级阶段直接关系到评估结果的最后计划阶段。

### 五、内外限制

考虑将来的广告计划时，你可能会面对两种不同形态的限制——内部及外来的限制，而且这两方面的限制都直接影响你的广告企划。

#### （一）内部的限制

检查公司及其活动时，首先要考虑到几点：公司能够生产的产品数量是否有限制？如果你无法满足广告后的需求，就没有必要去刺激需求了。财务的限制会限制到你的广告预算吗？产品的分配是被限制在几个区域吗？这会影响到媒体的选择。你有代理商的名单，可以用他们的名字来做号召吗？这会影响到媒体的选择、广告的大小及内容。

（二）外来的限制

广告的作业并不是完全自由无阻的。有许多法规及商业道德会限制你的行动。有时这些限制是基本的，因而会主宰媒体政策。譬如政府不准在电视及广播中做香烟广告。因此，你必须查清楚什么是你能做的，什么是不能做的。至于法规的细则不在本书讨论的范围之内。

## 六、竞争对手

研究竞争问题时，你不能仅做一项研究，你需要对每个竞争的同业做至少五个方面的研究：公司及产品、市场、行销政策、过去的广告、限制。

同业竞争者公司组织的优势和弱点各是什么？谁是你竞争对手的顾客？他们与你的顾客有何不同？最重要的一点是，为什么他们购买你的竞争对手的牌子？你的销售量多于竞争对手的吗？是你还是你的竞争对手的产品是名牌？为什么？这些区别可能在于产品，也可能在于行销政策或者是竞争对手的市场活动，这都必须加以研究。

对竞争对手的行销政策必须一项项与你的对比并加以研究。同样，对竞争对手的广告也应加以注意，他们用什么媒体？广告的大小、位置如何？他们多久做一次广告？在广告中他们强调什么？如何表达？你的公司面对哪些什么限制？这些项目的研究可能会使你获益，进而使你的广告得到改善。

企划广告时，能彻底了解你所面对的竞争对手是什么十分重要。了解你及你的同业所面对的其他产品的间接竞争也同等重要。

## 七、背景资料

在媒体目标制定的过程中，你必须知道你及你的同业不是孤立存在的，而是不断受国内、国际因素的影响。你的组织所存在的环境背景可分成4个方面：

（1）政治。政治上的决策和政府的决定都会直接影响到商业的日常经营、税制、资金分配等。而社会发展与法律的修正都会影响到商业的经营。

（2）经济。经济与政治常常是重叠的，因为不同的历史时期对各种经济问题，如通货膨胀、经济萧条或失业有不同的政策。

（3）社会。在这方面，我们只需要考虑目前消费者在我们经济发展中所扮演的角色，就可以知道它对广告及市场宣传的影响。

（4）技术。我们生活在一个技术不断改进和发展的社会中，即使你的产品并没有进行技术改进，你的组织也一定会受到技术进步的影响。如计算机、文字处理的应用，网络媒体使联系便捷而快速，而网络媒体的飞速发展更是需要争夺的战场。

没有上述七项必要的资讯信息，就不可能制定有效的媒体目标。因此，在制定广告媒体计划书之前，第一步的工作就是全面调查了解上述各点。

## 第二节  目标阶层的设定

### 一、消费者结构分析

所谓消费者，通常指的是该项产品的购买者。事实上，在消费行为中，消费者的定义依照所扮演的角色不同，可以细分为 4 种，即品类决定者、购买者、使用者以及影响者。以购买空调的例子说明：品类决定者决定家里要买一台空调机，然后开始收集资讯，他可能询问亲友或到经销点去实际接触空调机，这些亲友及经销商即成为影响者，他决定品牌机型后，到经销点购买空调，即为购买者，空调装上后，使用空调的即为使用者。

虽然消费行为涉及四种角色，但并不表示所有品类购买都有四种人来扮演这四个角色。事实上，不同品类角色的扮演者和人数，都会随品类不同而有差异。对某些品类而言，四种角色可能是由四个人扮演，对某些品类则可能只是一两个人扮演。例如，婴儿纸尿片的决定者可能是妈妈，购买者可能是爸爸，影响者可能是婆婆，而使用者则当然是婴儿。又如，公司购买电脑时，决定者可能是上级主管，购买者可能是采购人员，使用者为一般员工，而影响者则为公司电脑人员或经销商。对罐装可乐而言，品牌决定者、购买者及使用者可能是同一个人，而影响者可能是他的朋友或同学。

从上述例子可以发现，在不同品类的消费决定上不仅参与人数不一，且各角色的重要性对各品类也不尽相同，最重要的角色并不一定是购买者或使用者。一般而言，关心度越高，参与决定的人数就越多。

另一点值得注意的是，这些角色的扮演，因地区文化的不同，也可能产生差异，在男权较高的地区，家电或一些较高单价的耐用品，男主人可能扮演较重要的角色；而在女权较高的地区，则以女主人为主要决定者；在比较关爱小孩的地区，小孩子对自己使用的品类具有决定性影响，甚至影响家庭用品的购买，如影响空调机或电视机的购买。

角色的扮演，在不同季节依据购买动机也会发生变化，例如，咖啡在一般时间是使用者自己购买的商品，但在逢年过节送礼时，购买者就是送礼者，使用者则变成收礼者。

在媒体计划中，一项重要的任务是必须清楚地界定出谁扮演什么角色，并根据他们在消费行为决定上的重要性区分出主要消费群及次要消费群，依此分配合理的媒体传送量。

### 二、品类购买风险分析

消费行为是消费者付出一定的花费去换取希望的满足。事实上，付出与取得之间存在着风险，亦即也许希望不能被达成，特别是对从未有使用经验的品类或品牌。

消费风险一般可以分为三种：产品功能风险、社会形象风险及自我印象风险。

产品功能风险，即消费者面临的产品本身的功能能否获得满足的风险。例如，消费者在购买一部广告宣称省油的汽车时，车子是否符合省油期望；购买静音空调时，是否真正符合静音期望；购买零食时，是否符合好吃期望等。一般而言，产品功能风险与消费者付出的花费及其期望成正比，因此，单价较高的品类，产品功能风险也会比较高。

社会形象风险，即消费者在使用购买的产品或服务时，在别人眼中形象所冒的风险。通过品牌的利用，通常可以标示出消费者本身的品位、个性甚至经济能力。例如，使用宝马汽车的消费者给社会大众的形象，使用男性香水的消费者给旁人的感觉，喝百事可乐的消费者给别人的看法等。社会形象风险指的即是这种在乎旁人对自己的观感和看法所带来的风险。尤其在网络媒介发达的今天，产品的社会形象风险更大，因为对于产品的感官和看法的传播度伴随着网络媒体的发展而增强。

自我印象风险，即消费者在使用购买的商品或服务时所面临的在心理上自己对自己是否满足的风险。例如，使用某一品牌洗发水让自己在心理上所获得的满足（或不满）等。

整体而言，上述三类风险，社会形象风险为面对大众形象上的风险，产品功能风险为面对产品本身物质功能的风险，而自我印象风险则是自我在情绪及心理上的风险。

风险的评估主要是从上述三项风险的角度去评估各个品类在消费者心中风险度的高低（表6-1）。

表6-1　　　　　　　　　　　　　　　　品类购买风险评估表

| 品类 | 产品功能风险 | 社会形象风险 | 自我印象风险 |
| --- | --- | --- | --- |
| 汽车 | 高 | 高 | 高 |
| 冰箱 | 中/高 | 低/中 | 中 |
| 香水 | 中 | 高 | 高 |
| 维生素 | 中 | 低 | 中 |
| 零食 | 中 | 低 | 低 |
| 卫生巾 | 中/高 | 低 | 中/高 |

风险度高低的判定基本上由消费行为调研及观察得来，然而主观的判断同时也扮演重要角色，而且品类目前在各项风险中评估的结果，也并不一定无法改变。例如，可乐注重强烈的品牌塑造，提高社会形象风险；维生素则强调长期健康的重要性，提升其产品功能风险；环保包装饮料也可以借消费者环保意识抬头，提高社会形象及自我印象风险等。

风险度较高的品类，消费者关心度也较高，因此需要较长的时间去考虑是否购买以及要购买的品牌，同时由于关注度较高，涉及购买行为的角色也会比较复杂。

各类风险评估的高低，将影响媒体诉求对象的设定：

产品功能风险高的品类，主要诉求对象为购买者；

社会形象功能高的品类，主要诉求对象为影响者；

自我印象风险高的品类，主要诉求对象为使用者。

下面是品类购买风险影响的例子，通过例子的分析，可以更清楚地了解品类购买风险。

(1) 轿车为社会形象风险相当高的品类，因为周围的人，包括亲戚、朋友、同事等，将以拥有的车来评判一个人的地位与形象。

(2) 对于超级豪华轿车而言，社会形象风险将更高，因为投入的金额较大，而且有能力购买豪华轿车的族群，在社会地位上的顾虑将高于一般轿车的消费群。

(3) 超级豪华轿车的购买者所希望的是获得同事及周围的人认同该型号轿车的高级豪华；期望的情景是当轿车出现时，能吸引周围强烈的羡慕、肯定的眼光；想要避免的情景则在周围的人因为对该型号轿车的不了解，而无动于衷，没有反应。

(4) 所以这群消费者在评估轿车时，将看重"此型号轿车被公认为多么高级与珍贵"，而轿车本身的豪华与珍贵则相对不重要。

(5) 在此情况下，广告的目标对象，即从购买者转移为影响者，就是能够对车主投以羡慕的、肯定的眼光，从而呈现车主社会地位的人。

风险评估可以帮助媒体人员把握设定对象的购买心理状态，以评估各角色的重要性，并做出准确的策略反应。

### 三、意见领袖与经销专业人员

对某些具有较高技术，且一般消费者没有足够能力分辨产品好坏的品类，如股票、电脑、汽车、家电用品等，意见领袖扮演对消费者的购买具有主导性影响的角色，意见领袖包括周围人群中对该品类优劣具有分辨能力的亲戚朋友或经销店的专业人员。以股票市场为例，由于股票市场中的消费者（股民）大多为非专业兼职性质，对各股优劣及获利能力无从分辨，但在获利欲望的驱使下，总是希望能得到一些指引或消息，因此在股票市场营业时间过后，常常可以发现一群群的股民围在一起讨论战果或预测趋势，当中具有权威性并且消息灵通的少数主导人士即为股市的意见领袖，这些意见领袖对股民的股票买卖决策将扮演主导作用的角色。

在汽车、电脑等品类中，常见的意见领袖为经销点的专业人员，这些专业人员对商品的知识，常常可以左右消费者购买哪一品牌。

由于意见领袖在某些品类上对消费者的品牌选择具有决定性的影响，因此在全盘考虑消费者的购买决定过程时，也必须将上述意见领袖列入诉求范围，特别是在消费者对商品的形象及信赖度尚未建立的新商品上市期间。

### 四、重级消费者、中级消费者与轻级消费者

消费者依购买产品是个人使用还是供他人使用可以分为使用者和非使用者。

使用者依使用量和购买量又可分为重级使用者、中级使用者与轻级使用者。

消费者从重级、中级、轻级到新消费者，在媒体投资效益上呈递减趋势。重级消费者为最具投资效益的群体，媒体针对消费量较大的消费群诉求，所获得的投资效益将比消费量较小的消费群为高，即同样重量的矿石，含金量较高的矿石当然比含金量较低的矿石能提炼出更多的黄金。相对而言，多个消费者为含金量较小的群体，且提炼难度较高，所需要的成本也相对较高。

媒体根据不同的行销需求，在策略上必须制定所要针对的对象阶层，是所有消费者、重级消费者、中级消费者、轻级消费者还是新消费者。

从投资成本效益考虑，媒体应首先将资源集中于重级消费者，即含金量较高的群体。

基于行销的扩张需要，品牌可能必须将对象阶层扩及中级消费者，甚至轻级消费者，而以所有既有消费者为诉求对象。

在品牌强力扩张的行销策略下，媒体除了针对既有消费者外，同时也要把具有开发潜力的新使用者列入诉求范围。

在媒体计划中，一项重要的任务是必须清楚地界定出谁扮演什么角色，并依照他们在消费决定上的重要性区分出主要消费群及次要消费群，并据此分配合理的媒体传送量。

在对象阶层确定后，接下来的步骤即是根据不同的变项找出所定义的消费者。

消费群结构可以从统计变项、心理层面、生活形态3个角度去加以分析、确定。

### 五、消费者的统计变项

对消费者的统计变项分析指的是从性别、年龄、教育程度、婚姻状况、职业和收入等可以具体量化的变项去了解消费者的组成及特征（表6-2）。

表6-2 消费者统计变项表

| | | 人口比率(%) | 整体品类 | | A 品牌 | | B 品牌 | |
|---|---|---|---|---|---|---|---|---|
| | | | 使用比率(%) | 指数 | 使用比率(%) | 指数 | 使用比率(%) | 指数 |
| 性别 | 男 | 52 | 55 | 105 | 76 | 138 | 56 | 102 |
| | 女 | 48 | 45 | 94 | 24 | 53 | 44 | 98 |
| 年龄 | 18~24 岁 | 23 | 14 | 61 | 20 | 143 | 20 | 143 |
| | 25~34 岁 | 37 | 27 | 74 | 52 | 193 | 29 | 107 |
| | 35~44 岁 | 23 | 37 | 158 | 24 | 65 | 33 | 89 |
| | 45~54 岁 | 17 | 22 | 130 | 4 | 18 | 18 | 82 |
| 教育程度 | 大专以上 | 37 | 26 | 71 | 28 | 108 | 33 | 127 |
| | 高中 | 29 | 47 | 163 | 48 | 102 | 44 | 94 |
| | 初中 | 25 | 23 | 92 | 20 | 87 | 20 | 87 |
| | 小学及以下 | 10 | 4 | 42 | 4 | 100 | 3 | 75 |
| 婚姻状况 | 单身 | 31 | 22 | 172 | 36 | 164 | 27 | 123 |
| | 已婚 | 69 | 78 | 112 | 64 | 82 | 73 | 94 |
| 职业 | 企业主管 | 24 | 31 | 1 129 | 44 | 142 | 31 | 100 |
| | 一般职业 | 34 | 36 | 106 | 40 | 111 | 29 | 81 |
| | 蓝领 | 32 | 18 | 56 | 8 | 44 | 20 | 111 |
| | 无业 | 20 | 15 | 75 | 8 | 53 | 20 | 133 |
| 家庭收入 | 2 000 元以下 | 18 | 13 | 71 | 4 | 31 | 4 | 31 |
| | 2 000~2 999 元 | 48 | 47 | 98 | 36 | 77 | 47 | 100 |
| | 3 000 元以上 | 32 | 38 | 119 | 56 | 147 | 47 | 124 |
| | 未答 | 2 | 2 | 95 | 4 | 200 | 2 | 100 |
| 个人收入 | 无 | 14 | 10 | 70 | 8 | 80 | 11 | 110 |
| | 1 000 元以下 | 20 | 20 | 70 | 8 | 57 | 9 | 64 |
| | 1 000~1 999 元 | 43 | 43 | 91 | 27 | 69 | 35 | 90 |
| | 2 000~2 999 元 | 18 | 18 | 167 | 41 | 137 | 38 | 127 |
| | 3 000 元以上 | 3 | 3 | 175 | 12 | 240 | 4 | 80 |
| | 未答 | 2 | 2 | 120 | 4 | 200 | 3 | 150 |

说明：1. 上表有些指数的数值与实际运算不符，是因为受未显示的小数点影响。

2. 比率的运算必须特别注意各区隔的总和应为 100，即在性别区隔上的男女比率、在年龄区隔上的各年龄层以及在教育程度上的差异等，其总和都必须为 100，如此才能使各区隔的比率在封闭的定义下运算出准确的指数。

### 六、目标阶层统计变项分析

根据表 6-2，各栏显示的意义为：

（1）人口比率为整体人口在区隔下的分布状况，对行销及媒体的意义为销售潜力空间，即针对该区隔最高可能获致的消费者比率。媒体目标对象定义在较大区域，可以面对较大的空间；反之，将目标对象定义在过于狭小的区隔，即使在该区域获得极高占有率，相对整体市场，也只是微不足道的比率。

（2）整体品类使用比率，代表各区隔的品类使用状况，在各区域使用平均的状况下，各区隔的使用比率与人口分布比率应该大约相当，即指数大约为 100。

（3）整体品类指数相当于各区隔的 CDI，即品类在该区隔发展的相对值，与前述 CDI 不同的是，前者是以地区为区隔加以分析，而在对象阶层分析中则以对象区隔加以分析。

指数高于 100，表示品类在该区隔的使用高于平均值。

指数相当于 100，表示品类在该区隔的使用大约等于平均值。

指数低于 100，表示品类在该区隔的使用大约低于平均值。

指数的高、低或相当的认定，通常以 5 为单位的约数认定，即 95～105 认定为相当，低于 95 可以解释为低，高于 105 称为高，而在 5 之内的差距则被认为不显著。

（4）品牌使用比率为品牌各区隔的使用比率与整体品类使用比率意义相同。

（5）品牌使用指数相当于品牌在各区隔的 BDI，不同于地区 BDI 的是，品牌指数是以整体品类使用比率为比较基准，目的是与整体品类作更精确的比较，对比较结果的解释与前述品类指数解释相同。

（6）假设 B 品牌为主要竞争品牌，则 B 品牌的使用比率及指数代表竞争品牌在各区隔的使用比率，以及相对于品类与品牌在各区隔的强势与弱势。

根据上面的分析，可以清楚地了解品类、品牌及竞争品牌在各统计变项区隔的使用状况，亦即掌握消费者的轮廓与结构。

### 七、根据统计变项设定目标对象

对消费者进行统计变项分析的意义在于将品类、本品牌以及竞争品牌的整体使用者以统计变项分解成为较详细的区隔，通过各区隔的指数，清楚地了解品牌与品类在各区隔的强势与弱势。在了解品类以及“敌我”形势之后，接下来的任务是决定媒体诉求所要针对的目标区隔，即对设定目标对象进行统计层面的描述。

在诉求对象的设定上，仍必须以行销企图为依据：

（一）维持型行销态势

主要以固守品牌既有消费为主，因此媒体诉求的重点为本身品牌具有优势的区隔，亦即指数高于 100 的区隔。上述例子中，对 A 品牌而言，主要的强势区隔为：

性别：男性

年龄：18～34 岁

教育程度：大专以上

婚姻状况：单身

职业：企业主管或一般职员

家庭收入：月收入 3 000 元以上

个人收入：月收入 2 000 元以上

品牌在维持型行销态势下，媒体诉求对象即依照前面的描述设定，媒体以此群体为传达目标，使品牌的媒体投资可以集中在本品牌具有优势的群体上，所得到的结果即为品牌在此群体地位的巩固。

（二）扩张型行销态势

主要以侵蚀竞争品牌使用者或扩张品类使用者为主，因此根据统计变项设定的目标对象将以品类使用者、竞争品牌使用者及具有取代性的其他品类的使用者为主。

1. 竞争品牌使用者

扩张型行销的品牌，在策略上是以直接吸引竞争品牌的消费者为主，因此媒体目标阶层的设定，首先是通过对竞争品牌在各区隔的指数分析，找到竞争品牌的消费群的重心所在，然后针对此重心消费群投入优势广告量，以促使竞争品牌消费者产生品牌选择上的转移。就上述例子而言，假设 B 品牌为主要竞争品牌，则在扩张的策略下，本品牌所设定的目标诉求对象应为：

性别：不分性别

年龄：18～24 岁

教育程度：大专以上

婚姻状况：单身

职业：蓝领或无固定职业

家庭收入：月收入在 3 000 元以上

个人收入：月收入在 2 000～2 999 元

2. 品类使用者

品类使用指数高于 100 的区隔所代表的意义为该区隔的消费者对此项商品的接受程度较高，即商品在该区隔的销售潜力较大，品牌的扩张除了针对竞争品牌的重心消费群之外，还应将目标对准品类的重心消费者。就上述例子而言，品类的重心消费者应描述为：

性别：不分性别

年龄：35~54 岁

教育程度：高中

婚姻状况：已婚

职业：企业主管或一般职员

家庭收入：月收入在 3 000 元以上

个人收入：月收入在 2 000~2 999 元

3. 具取代性的其他品类的使用者

当品牌处于下列市场状况时，可能必须往其他品类扩张。

（1）品牌在品类里已经拥有相当高的占有率，再投资所能提高的占有率相当有限，且将不符合投资效益的要求；

（2）成长期商品，因消费者基数较小，必须争取相关品类的消费者，以增加获利基数；

（3）整体品类呈现饱和或衰退趋势，且竞争激烈，导致利润流失。

品牌往其他品类扩张，媒体对象设定的操作方式与前述的品类扩张及竞争性扩张的状况相当类似，即先辨认出具有取代性的相关品类，例如，威士忌往白兰地品类扩张，VCD 放映机往录影带放映机扩张等，然后再根据欲取代品类的区隔指数设定媒体传达的目标消费群。

### 八、根据统计变项确定目标对象的优先顺序

品牌媒体目标对象设定策略的主要内容，是根据不同的行销态势，制定各区隔在媒体投资上的优先顺序。在具体操作时可以将各区隔的品类、品牌及竞争品牌指数并列，分析不同指数组合在行销上的意义，然后根据品牌所拥有的媒体资源，依行销投资的优先顺序投入媒体预算。因品类、品牌及竞争品牌在各区隔有不同的强势与弱势，消费者对品类、品牌、竞争品牌的消费可能形成下列几种组合（"+"代表指数高于 100，"–"代表指数低于 100）（表 6-3）：

表 6-3　　　　　　　　　　　　品牌媒体目标对象设定策略表

| | 品类指数 | 品牌指数 | 竞争品牌（B）指数 | 说　　明 |
|---|---|---|---|---|
| A | + | + | + | 该群消费者在品类、品牌及竞争品牌的使用上皆高于平均值 |
| B | + | + | – | 该群消费者在品类及品牌使用上高于平均值，在竞争品牌使用上则低于平均值 |

续表

|   | 品类<br>指数 | 品牌<br>指数 | 竞争品牌（B）<br>指数 | 说　　明 |
|---|---|---|---|---|
| C | + | − | + | 该群消费者在品类、竞争品牌使用上皆高于平均值，但在品牌使用上则低于平均值 |
| D | + | − | − | 该群消费者在品类使用上高于平均值，但在品牌及竞争品牌的使用上则低于平均值（可以推测必然有其他竞争品牌在该群消费者中的使用指数高于100） |
| E | − | + | − | 该群消费者在品类使用上低于平均值，但在品牌及竞争品牌使用上则高于平均值（同样可以推测必然有其他竞争品牌在该群消费者中的使用指数高于100） |
| F | − | + |  | 该群消费者在品类及竞争品牌的使用上皆低于平均值，但在品牌使用上高于平均值 |
| G | − | − | + | 该群消费者在品类及品牌使用上皆低于平均值，但在竞争品牌使用上高于平均值 |
| H | − | − | − | 该群消费者在品类、品牌及竞争品牌使用上皆低于平均值 |

　　根据以上各种组合在行销上的意义，媒体对不同区隔的合理的投资优先顺序应为上表的 A、B、C、D、E、F、G、H，即：

　　A. 品类在这一区隔具有潜力，品牌及竞争品牌在此区隔占有强势，此区隔通常为品类的核心消费群，因此为品牌的必争之地。

　　B. 品牌占有强势且具有销售潜力的区隔，竞争品牌较难取代。品牌应该利用既有优势，固守该区隔。

　　C. 品类具有潜力的区隔，但竞争品牌在该区隔拥有优势，品牌在积极行销态势下首先进攻该区隔。

　　D. 可能是其他品牌在该区隔具有优势，因该区隔的销售潜力较大，品牌投资具有销售意义。

　　E. 品类在该区隔较不具优势，但品牌及竞争品牌拥有优势，投资的意义是取得在该区隔竞争上的优势。

　　F. 虽然品类销售较弱，但品牌具有优势，在判断区隔具有开发前景的情况下，可以利用现有优势投入资源，耕耘成"B"状况。

　　G. 基于竞争及区隔具开发前景的前提，可以考虑投入资源。

　　H. 最后考虑的区隔。

　　在统计变项上的目标消费者描述，经过辨认及定义后，将提供清楚的媒体传达目标。媒体作业中应以此描述为准评估媒体类别与载体的对象接触率，并作为媒体选择的根据。

### 九、目标对象心理变项分析

在统计层面上，消费者被数字的方式加以定义，然而单纯的统计层面上的描述和确定，不但难以完整地描述消费群体，而且也将使对消费群体的描述欠缺实质的生命，因为具有相同统计变项的消费群体中将包括各式各样不同心理层面的消费者，特别是前述品类自我形象风险及社会形象风险较高品类的商品，如香烟或汽车等。我们以冲泡式咖啡与研磨式咖啡为例，两种产品本身的差异是：冲泡式咖啡所提供的好处是方便，但是消费者在口味上则要稍做牺牲；研磨式咖啡所提供的是较佳的口味，但在使用上则稍嫌麻烦。

两群消费者在年龄、教育、职业、收入等统计变项上所呈现的特性并没有显著的差异，即两者在统计层面上是同一群消费者。因此可以判断，应该不是统计变项因素，而是对生活的态度在驱动消费者在效率和品位之间做出选择。相同的情形，在旅游与保险之间，在吃与穿之间，甚至在爱情与面包之间，消费者也将因价值观及生活态度的差异而做出不同的取舍与选择。

表6-4的对比可以显示统计变项在概括性上的失误。

表6-4 **目标对象心理变项分析表**

| 消费者 | 消费者 A | 消费者 B |
|---|---|---|
| 统计变项描述 | 男性<br>年龄在 25~34 岁之间<br>年收入 34 000 元以上 | 男性<br>年龄在 25~34 岁之间<br>年收入 34 000 元以上 |
| 心理层面描述 | • 外向<br>• 在行为模式上，扮演意见领袖角色，对周边的事物，多有自己的意见<br>• 具有独立看法，很少觉得应该趋从别人的看法 | • 内向<br>• 在行为模式上较退缩，宁愿作为一个追随者，而不喜为领导者<br>• 寻求同事的认同，行事根据一般的价值标准 |
| 心理层面描述 | • 高度投入所从事的工作，对周边发生的事件表示较大兴趣，认为生活是为了工作<br>• 经常因业务旅行，且因为忙碌，所以休闲时间较少，且以个人化的都市型休闲形态为主 | • 准时上下班，认为工作是为了生活<br>• 以家庭为中心的生活方式，休闲时间较多，且以家庭性的休闲活动为主 |

从表6-4的对比中可以清楚看到，在相同统计层面描述下的消费群体，事实上在心理层面上可能是差异相当大的消费者。

消费群体因价值观及兴趣取向的差异，对媒体的接触选择也将出现相当大的差异，特别是所选择和接触的媒体在质上的差异。此现象与前述冲泡咖啡及研磨咖啡的例子类似，即两个编辑内容、取向格调截然不同的媒体载具，在统计层面上拥有相似的收视组合及对象收视率，但在心理层面上，其收视群却可能是完全不同的群体（这种差异在量化的收视率上是无法显示的）。

消费者心理层面分析的意义是，消费者在价值判断与喜好的评估下做出品牌的选择，这种据以选择的心理区隔线即为对象阶层的心理层面界定。对心理层面的把握，可以作为媒体选择的基础，应根据不同心理层面的消费者在生活形态上的差异，制定媒体行销策略及媒体比重。

品牌目标对象在心理变项上的制定主要是根据消费者的价值观、生活态度及个人兴趣构成。

与统计层面相比，媒体对象阶层的心理层面设定，不但较为抽象，在操作上的困难度也较高，同时心理层面的调查在执行上也较为困难，且在量化成可以计算的资讯方面也是一大挑战，这些困难导致市场上消费群心理层面分析资料的缺乏，在媒体接触方面，也是偏向量化的接触调查，而缺乏质上的资讯。因此，在媒体操作中，在没有资讯的情况下，只能依靠其他渠道寻找消费者的心理特征，如焦点座谈会上对消费者的观察，或根据消费者的某些象征性行为加以了解。象征性行为包括使用香烟的牌子、旅游地点与频率、是否常去酒吧、喜欢的刊物等。在毫无资讯的情况下，甚至必须依据产品的基本特征对所能吸引的消费群体心理特性加以判断。

消费者的价值观与人格特征与当地社会及文化息息相关，因此，在心理层面上对消费者进行分类，也必须根据不同区域的人文特征进行。

品牌在消费者心目中的形象是商品的基本形态，如类型、式样、口味、包装、产地等，加上使用经验（包括自己及旁人）以及广告所塑造的形象、承载广告的载体的编辑环境及广告环境等，综合带给消费者对品牌整体的观感。

在品牌形成的过程中，产品本身的功能及特征就像一个人先天身材的高矮胖瘦，产品的商品化过程，就是为产品加上造型装扮使之成为品牌，而消费者则根据自己的心理层面需求选择在造型与装扮（形象）上适合自己的品牌。这样就形成品牌定位策略与媒体诉求对象的心理层面相关联的点，即根据品牌定位，选择具有销售潜力的消费群，并在质上选择适合的媒体。

从商品本身的基本条件到广告诉求，必须在一个清楚确认的策略方向下操作。在创意与媒体的方向协调上，最重要的一点是，媒体所界定或判断的消费群心理特性与创意上的消费心理描述必须一致，否则就会各自为政，造成的结果将是把创意传达到心理层面上不相干或不利的消费群（例如把以提高效益、节省时间诉求的创意传达到"宿命无为"或"传统家庭分子"的心理阶层），不但会因创意诉求打动不了该消费群而造成资源浪费，也将无法使商品透过广告的努力凝聚成品牌。

商品有时因购买决定角色的复杂，广告必须同时对不同的阶层诉求，例如某些家庭性高消费商品经常出现夫妻共同决定的现象，在做广告时就必须同时说服丈夫与妻子。

当消费行为由多重角色扮演时，可以运用以下两种方式设定媒体对象：

（1）根据购买决定角色的重要性，确定诉求的优先顺序，即主要诉求对象和次要诉求对象；在预算的分配上，应优先考虑主要诉求对象，在安排足够的预算后，再考虑次要诉求对象。

（2）以加权方式分配媒体传达，根据不同角色在购买决定上的重要性，制定主要诉求对象及次要诉求对象的权值，再根据权值运算媒体载具的加权指数，评估及选择载具。到达率及接触频率，也是以不同对象阶层的权值来评估的。

# 第七章 媒体选择

全面了解、掌握广告媒体的主要目的是为了科学、合理地选择使用。在整个广告活动中，广告媒体的选择与组合是否恰当有效，将直接影响广告效果的好坏与广告活动的成败。

媒体选择既要符合产品的特性，又要针对产品不同发展阶段的特点；不仅要根据媒体本身的功能进行考虑，更要适合营销策略的需要。

随着广告媒体费用的逐步上涨，广告主在选择各种媒体时更加小心谨慎，如何以最低的代价获得最佳的广告效果，便成为广告主最关心的问题。伴随广告代理制的逐步实施，广告媒体的选择与组合也将逐步科学化、规范化。

## 第一节　媒体选择概况

### 一、媒体选择意义

不同的广告媒体，有不同的特点和不同的影响。因此，要完全发挥广告的效果，就必须认清各种媒体的作用和特点，科学系统地做好选择优化。媒体选择的目的是通过各类媒体的特征，找出适合广告主或企业广告目标要求的媒体，使得广告信息通过这一媒体渠道，可以传递有关信息到广告主的目标市场。

随着商品经济的发展，广告媒体选择工作的复杂性也不断增加，市场构成日趋多样化，媒体类型、形式、品种越来越丰富多彩，广告主所要进行的劝说方式日益复杂，这些因素决定了广告媒体选择的复杂性。

由此，选择广告媒体不能再单凭以往的经验进行，还必须进行一系列的研究和系统分析工作。这些工作大致有两个方面：一是分析各种媒体的特点，充分了解媒体；二是研究广告运动的目的要求，以确定广告运动应选用什么样的媒体。然而，要使媒体的选择符合广告运动的要求，就必须使广告有针对性，为此必须对商品的推销条件（质量、包装、价格、商标、流通条件）进行市场调查分析，在掌握商品特性和消费者需求后才能制定广告媒体策略，推荐适宜的媒体。例如日本为了在本国推销中国绍兴酒，派人到中国绍兴酒厂进行实地访问，并在日本召开了多次消费者座谈会，调查后发现，日本 30～50 岁的男人最喜欢喝绍兴酒，而中国的桂花陈酿酒则是 20~30 岁的日本妇女最喜欢喝的酒。据此调查他们选择了适当的电视、报纸、杂志媒体做广告宣传，从而使销量大增。

广告媒体方案不是一个简单的媒体选择表。媒体方案与其说是选择媒体，不如说是确定一整套广告信息同消费者接触的方式。如此说来，广告媒体选择工作最后完成的，应是一整套完整的广告推出方案。

### 二、影响媒体选择的因素

我们知道，每一种广告媒体都一方面有其独特的优点，另一方面也不可避免地存在这样或那样的不足之处。对广告媒体进行选择究竟应以哪些基本因素作为参照标准来对各种媒体进行比较呢？在漫长的经营活动中，人们总结、归纳出在对广告媒体进行选择时所要考虑的 15 个基本因素，如图 7-1 所示。可以这样讲，无论对哪一种广告媒体进行比较、选择，都是以这 15 个因素作为基本参照标准来加以考虑的。聪明的广告主在对广告媒体进行选择时都会运用这些因素对各种广告媒体进行充分比较后才作出最后决定的。这样，就要求广告主对这 15 个基本因素的内容、特性等做到了如指掌。

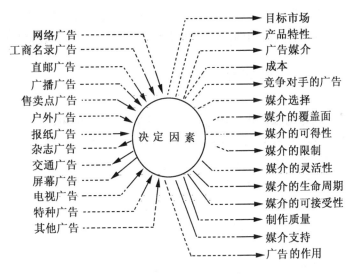

图 7-1 影响媒体选择的因素图

归纳分类，在图 7-1 的 15 个基本因素中，一般要重点考虑以下几项因素：

（1）媒体的特性。各类广告媒体的覆盖域、接触率、毛评点、到达率、暴露频次、有效到达率以及个性特征和权威性等指标，都直接影响着广告媒体的选择，因此，必须充分了解各类媒体的评价指标，选择最合适、有效的传播媒体。

（2）广告传播的对象。广告传播的对象是指广告的目标消费者。不同年龄、性别、职业、文化修养、社会地位、经济状况的消费者，对广告媒体的接受能力和接受习惯也不相同。例如，男性爱看《体育》、《汽车》报纸，女性爱看《青春》、《美容》杂志，儿童爱看动画片，青年学生们喜欢上网，农民爱听广播，党政干部经常阅读综合性党报，普通百姓爱看娱乐性电视节目。因此，在选择广告媒体时，必须充分考虑不同消费群的性质。

（3）广告信息的内容。广告信息的内容是十分丰富的，既有商品信息，又有劳务信息，还有企业信息；既有生产资料信息，也有消费资料信息；既有文字信息，也有声画信息。各类信息的繁简程度、感情色彩等直接影响着媒体的选择。例如，工业用品、医疗器械等生产用品的技术性很强，构成复杂，宜选用说明性和保留性强的印刷广告或者专业性网站；服装、鞋帽、家电等日用品宜选用图文并茂、有声有画的电视广告或综合性门户网站发布；而介绍企业经营宗旨、服务特色的企业形象广告则可选用报纸、电视、户外等各种广告媒体。

（4）广告费用的支出。广告费用是制约媒体选择的一个重要因素，企业往往根据自己的经济承受能力或广告费用的支出情况，综合比较各类媒体的广告成本和可能取得的广告效果，选用合适的媒体。

综上所述，影响媒体选择的因素是多种多样的，要综合性地分析企业营销状况、竞争状况、目标市场、产品周期、国家法规等多种因素，以期实现最佳的媒体选择。

## 第二节　媒体选择的原则

媒体选择原则是指在广告实施过程中合理选择和运用媒体的指导思想。其核心内容是怎样才能使广告在目标市场影响范围内尽可能拥有更多的观众、听众和读者，并让他们对产品广告留下深刻记忆，产生购买欲望，最终付诸行动，使客户的广告费用支出尽可能收到最满意的促销效果。因此，合理选择媒体做广告，在工商企业实施营销计划的经济活动中占有极重要的战略地位。

由于媒体的物理性质和状态均不相同，广告的形式多种多样，企业做广告不能每一种广告形式都采用，因而必须选择适合表现不同信息内容及其艺术形式的广告媒体，才能达到促销的目的。一般来说，媒体选择的最佳原则大致是要达到信息传播的范围广、及时、针对性强、费用最省、促销效果最好的目的。

### 一、媒体选择的基本原则

#### （一）目标原则

凡广告媒体选择必须与广告目标和广告战略相一致，这是广告媒体策划的根本原则。我们从广告效益的角度看，广告目标和广告战略是影响媒体选择的主要因素，因为不同的消费者对广告媒体的态度也是不同的，只有根据目标对象的习惯来选择媒体，才会收到较好的效果。例如，对象是农村市场的农民，向他们推销生产资料或生活资料产品等，适合利用县级以下的有线广播网。因为我国农村有线广播已经普及，大多数地区的农民家家都安装了有线广播喇叭，利用这种媒体做广告，可以家喻户晓。若对象是城市妇女，则应利用妇女杂志、家用挂历、电视节目报、宣传画、商店橱窗等媒体刊登广告。因为我国城市妇女的文化水平一般比农村高，她们大多是城市各行各业的干部或工人，这些人的工作、休息规律性强，工作之余有阅读报刊、看电视、上街采购日用品和美化家庭的习惯，选择这类媒体对她们做广告，可以提高广告的收视（听）率，增强广告效果。

总之，任何广告媒体都有自身的优点和不足之处，广告策划者在选择媒体时必须扬长避短，尽可能让媒体的目标对象与产品的目标对象保持一致。如果广告媒体传播信息的受众不是广告目标所跟踪的消费者或潜在消费者，即使广告创意再出众、再具有强烈的艺术感染力，但对消费者来说，也是徒劳无益的，对广告客户来说，则是一种十分遗憾的浪费。

（二）适应原则

广告媒体的选择必须与客观环境相适应，环境是指存在于广告媒体之外的事物，例如广告管理、广告法规、市场竞争、信息交流、人力、物力、财力以及广告代理与媒体经营单位等，均对媒体的选择产生影响。如果媒体的选择能与外部环境保持最佳的适应状态，就是理想的媒体选择。例如我国颁布的有关广告法规规定，不准在电视上播放香烟广告，这就是说企业原来想利用电视做香烟广告，而现在却从客观环境上制约了香烟广告媒体的选择，那么，广告策划者就应当机立断，改变原方案，做适当处理或调整。

（三）优化原则

对媒体的选择必须坚持从多数媒体的比较中产生媒体组合方案的原则，即使在单一媒体选择中，也要坚持在单一媒体种类中进行优化组合。这就是说，你选择报纸类媒体做广告，广告策划者就要从多种报纸中明确报纸的级别、特点和性质，然后再从不同的报纸媒体中选择能达成广告目标的报纸媒体。当然，对电视、广播、杂志等媒体，也必须坚持同一原则，择其最适宜者而用之。

（四）同一原则

对媒体的选择必须有利于广告内容的表达。在广告活动中，媒体的选择要有利于广告内容的表达，这是不容忽视的。如果广告的内容需要用声音或动态的形象来表达，则应该选择电视媒体；如果广告的内容需通过文字形式来表达，那么，广告策划者就应该果断地选择报纸或杂志广告媒体；如果广告的内容需要结合文字、视频、图像等多种形式来展示，甚至还需要更详细的信息介绍，则应考虑网络媒体。

（五）效益原则

选择任何广告媒体都应该把广告效益放在首位。通常情况下，广告效益的好坏与广告预算多少有直接关系。一般来说，广告预算多，广告做的次数就多；广告次数多，自然比广告次数少要好。同时，广告预算的多少不仅决定广告量，而且还决定广告版面的大小和广告时间的长短。从报纸角度看，社会威望高，如果广告版面再大一些，占据的地位比较突出，自然比小版面的广告效果要好得多。同样，电视广告的黄金时段与一般广告时段在效果上是有明显区别的。因此，广告的版面大小或播放时间的长短，都是影响广告效果的重要因素。尽管广告预算的多少直接影响广告效果，但是，媒体选择的正确与否，同样是影响广告效果的关键因素；如果媒体的选择根本就是错误的，在这种情况下，广告投资越多，广告效果就会越差。这里提醒所有广告策划者，在评估媒体选择方案时，必须坚持用定量方法对媒体的效应进行分析，切忌断然决定媒体的选择，这是广告策划者必须坚守的重要原则。

## 二、媒体选择中应注意的问题

（一）根据企业特征选择广告媒体

不同的生产经营活动方式适合于不同的广告媒体。从广告的发展过程来看，小规模的生产经营方式，一般采用原始的广告媒体，其中以实物、口头叫卖居多。手工作坊和专业店铺所从事的工商活动，广告媒体形式增多，例如旗帜、灯笼、画匾、音响、商号、招牌等。随着现代企业的出现，商品生产和商品交换的范围与规模扩大，生产和销售日益社会化，客观上要求信息传播在时间、空间、速度、效果等方面能适应现代化社会大生产的需要，于是出现了招贴、报纸、杂志、广播、电影、霓虹灯、电视、互联网以及路牌、灯箱、车船、气球、卫星等各种现代化信息传播媒体，成为工商企业开拓市场、组织生产和流通、满足消费需求的产品信息载体。可见，工商企业的经济活动组织形式是决定选用哪种广告媒体的一个重要因素。不同的经济组织形式及其经营规模与产品的商品率、供应范围等因素，是决定其选择哪种媒体做广告的重要影响因素，这是由不同经济组织的财力与经济活动范围的大小决定的。

（二）根据商品和服务的特性选择广告媒体

每种商品及劳务的性能、特点、使用价值、使用范围和广告宣传要求各不相同。例如，有的属生产资料，有的属生活资料；有的是高技术产品，有的是手工产品；有的是日用百货，有的是五金交电；有的是名牌产品，有的是一般产品，等等，这就要求广告人根据工商企业及服务行业所推销的产品或劳务的性质特征及广告的信息表现形式，选择一种或几种广告媒体，以求得最佳的促销效果。例如，对技术性能比较高的产品，可以采用产品样品及提供服务项目书的形式，也可采用示范性表演的形式等进行宣传和推销；对日用消费品及日常劳务，可采用便于突出其式样、价格、外形、颜色、质感、接触简便、普及率高的画报、杂志封面与插页、电视、展销会等媒体，给消费者留下深刻、真实的印象，从而影响其消费行为。

（三）选择广告媒体应考虑消费者或用户接触媒体的习惯

针对不同的消费者和用户选择不同的媒体，是增强广告促销效果的有效措施。如广告对象是城市妇女，则应利用妇女杂志、畅销刊物、家用挂历、商店橱窗等媒体做广告，有利于增强广告效果。如果广告推销的是儿童用品，则电视是最佳广告媒体，特别是在儿童最喜欢的动画片节目前后插播这类广告收效最好。此外，还可以在商场、商店等服务场所，直接利用商品的包装做广告，既便于消费者选购商品，也有利于宣传商品，扩大影响。

（四）选择广告媒体要考虑媒体传播的数量和质量

所谓广告媒体的传播数量，主要是指某种媒体所能传播到的读者（观众、听众）的大概数字。例如，报纸、杂志的发行量；广播与电视的收听率、收看率，播放次数和信息的覆盖面；网络媒体的浏览量和点击量；霓虹灯的光谱透数值；橱窗、招贴、路牌等，则应以每分钟视野能见范围内的顾客流量、观看人数来衡量。所谓广告媒体的传播质量，主要是指某种媒体已建立起来的影响和声誉，以及这种媒体在表现上的特长。如《人民日报》、中央电视台和中央人民广播电台的影响和声誉是很高的，每个地区、每个行业又有其自身影响和声誉的宣传媒体。广告选择媒体时就应从媒体的数量和质量各方面权衡，择其最适合者来发布。

（五）选择广告媒体要考虑目标市场的范围和媒体信息传播的广度

由于产品和劳务市场受多种因素影响，其供求状况经常变动不定，因此选择广告媒体时必须对市场情况周密地进行调查研究和科学预测，真正了解市场供求变化和变动趋势。一般来说，面向全国市场销售的产品适宜选择全国发行的报刊和信息覆盖面广的全国性广播、电视等作为广告媒体；在局部地区销售或有特定购买对象的，则选择地区性广播、电视、报刊或路牌、招贴、营业场所等广告媒体。同时，还要根据市场状况的变化，如产品生命周期、淡旺季和季节性需要等选择不同的最有效的媒体。

（六）选择广告媒体还需考虑广告的费用

广告费用即广告人的预算和支付能力。一般来说，信息覆盖面广、影响大的广告媒体，费用较高；相反，信息覆盖面窄、影响小的广告媒体，费用低廉。例如，全国性的大报和电视、广播电台的广告费用要比地方性报纸、电视、广播电台高得多。但是，若从一定的宣传面考虑，例如以读者或受众的广告费用平均值计算，还是覆盖面广的媒体费用相对低廉。总之，就是以最小的广告费选择最适宜的广告媒体，以期收到最佳的促销效果。

## 第三节  媒体选择的程序与方法

### 一、媒体选择的程序

一般情况下，合理的广告媒体选择程序包括 4 个阶段，16 个步骤。

（一）调查研究阶段

这是拟定媒体计划的前提，包括分析与了解各媒体的覆盖域、收视（听）率、触及率、频次、广告成本、广告效应以及其他方面的情况，以明确广告计划的目标与媒体之间所存在的差距，其中心是媒体的数量与技巧问题。具体步骤是：（1）分析媒体的性质、特点、地位、作用；（2）分析媒体传播的数量与质量；（3）分析受众对媒体的态度；（4）分析媒体的广告成本。

（二）确立目标阶段

明确媒体计划的具体目标，包括 4 个目标要素：传播对象、传播时间、传播地点、传播手段，其中传播对象或称广告对象是决定广告效果的重要因素；传播时间必须选择合适的时间来作为广告推出的时间；传播地点指确定市场的位置，并按市场的位置来选择媒体；传播手段包括推出广告的数量及推出广告的方案，方案大致有两类：单一媒体方案与多种媒体组合方案。这一阶段的具体步骤是：（1）分析媒体目标；（2）确定媒体；（3）确定媒体组合方案；（4）确定广告表现形式。

（三）方案评估阶段

为有效地选择广告媒体，减少广告计划制定过程中的失误，必须对媒体方案进行分析与评估，评估的内容包括效益分析、危害性分析、实施条件分析等方面。首先是媒体方案的可行性及其经济效益与社会效益的分析。经济效益是指把广告费用与促销效果进行比较，力争以最小的费用取得最大的促销效果，社会效益的分析主要看媒体所传播的信息对生产力和对社会生活是否有益，不论是经济效益还是社会效益都要从定性、定量、定时、定域几方面着手。其次是危害性分析。在确立媒体方案时，要着力分析方案实施后可能对社会经济及生活可能产生的不良影响。最后是实施条件的分析，即考虑实施媒体方案的客观条件，如媒体经营单位是否有能力完成这一方案，其广告制作水平及传播能力如何，媒体经营单位是否有能力完成这一方案，其广告制作水平及传播能力如何，媒体经营单位是否愿意完成这一具体方案，等等。这一阶段的工作有 4 个具体步骤：（1）对媒体方案进行评议并听取广告主意见；（2）修正或调整方案；（3）对方案进行决策并取得广告主认可；（4）确定媒体组合所支付的费用。

（四）组织实施阶段

这是对前面方案的具体落实，包括这样几个具体步骤：（1）与广告主签订媒体费用支付合同；（2）购买广告媒体的版位、时间和空间；（3）推出广告并监督施行；（4）收集信息反馈并对传播效果作出评估。

## 二、媒体选择的具体方法

（一）注重按目标市场选择广告媒体

任何时候任何产品都有自身的目标市场，如果某种产品的目标市场是消费品市场，其广告媒体的选择应是本市最有影响的媒体，如果某种产品是在全国范围内销售，其广告媒体的选择当然应该选择那种在全国最有影响、覆盖面最广、效果最佳的广告媒体。这也足以说明，广告宣传竞争也是市场竞争的一个重要方面。为了配合市场竞争，不但广告内容和策略不同，就是在选择广告媒体上也有区别。所以，各企业在选用广告媒体时，要紧密结合市场竞争情况选择适当的广告媒体。

（二）必须按照产品的性质选择广告媒体

人们都知道，产品种类很多，如果企业生产的产品是软性产品（如日用品之类的产品），一般来说，最好选用电视作为广告媒体；如果企业生产的产品是硬性产品（如大型机器设备等），通常是选用报纸、杂志或广播作为广告媒体。当然这种选择不是绝对的，一般来说，日用品在电视上做广告的效果较好，因为日用品的性能简单，价格便宜，人们看了电视广告之后，很容易做出购买决定。如果产品的性能复杂、价格昂贵，这类产品可能在报纸或专业杂志上做广告更合适一些。由于报纸广告可详细介绍产品的性能、特点以及使用方法等内容，消费者有充分的时间去研究和考虑报纸广告提供的信息。这就要求我们在选择广告媒体时要反复比较各种媒体的长短，不能单从广告媒体传播范围的大小来判断媒体选择的优劣，而应主要从媒体所能普及的该商品可能消费者的程度来决定取舍。在通常情况下，传播广泛的广告媒体，未必能够引起某些专业人士的注意；倒是那些专业性的刊物等选择性强的媒体，却能起到普通媒体所起不到的作用。例如，机械工业用品的广告可登在《机械周报》上，农机产品广告可登在《中国农民报》上，外贸商品广告可登在《中国对外贸易》上，这样才真正有利于使广告普及于该商品的可能消费者之中。

（三）按产品使用对象选择广告媒体

应根据市场调查和预测，确定选择何种广告媒体为宜，因为任何产品都有自己的使用对象。例如一家化工公司推出一种新型的美容霜，一般来说，它的主要使用对象是青年人，其中青年妇女是主要的购买者。根据这一特点，就应该选择妇女喜欢阅读的杂志、经常浏览的网站或穿插在妇女喜欢的电视节目中做广告宣传。由此可见，为了对市场定位作出精确的分析，需对消费者和市场做大量的调查研究，掌握广告商品的可能消费者属于哪一些地区、哪一些人，他们的年龄、职业、民族、购买力、购买方式等情况如何，市场的供求情况如何，发展趋势怎样，等等。根据调查研究的结果，决定运用哪种或哪几种媒体做广告更为有效，才会立于不败之地。

**（四）按消费者的记忆规律选择广告媒体**

如果某企业推出的产品是在全国范围内销售，为使消费者不断加深对某种产品的深刻印象，那么这家企业除了选择全国最有影响的报纸做广告外，还应该选择最有影响力的电视台和广播电台做广告，而且这种广告宣传应该是连续性的，其目的是强化消费者对某种产品的记忆。例如中外合资沈阳飞龙保健品有限公司，为了推销"延生护宝液"系列产品，近年来在全国大做广告宣传，充分利用四大传统媒体，常年连续性做广告，以求强化各层次消费者对该产品的记忆，其产品不仅占领了国内市场，而且还远销国外。

**（五）依据企业自身的财力来合理地选择广告媒体**

广告费用包括媒体价格和广告作品设计制作费用。同一类型的广告媒体，往往也因刊登广告的时间和位置不同，收费标准也有所不同。因此，在选择广告媒体时，不仅要考虑广告价格的绝对金额，也要考虑广告价格的相对金额，即广告实际接触效果所耗费的平均费用。因为经常有这样一种情况，如果从广告绝对金额看，是不划算的，但从相对金额看，则是划算的。如表7-1所示：

表7-1　　　　　　　　　　**甲、乙两种杂志广告价格表**

| 杂志 | 封底全版彩色广告 | 阅读人数 | 平均每人广告费 |
| --- | --- | --- | --- |
| 甲 | 2 000 元 | 10 000 人 | 0.20 元 |
| 乙 | 2 500 元 | 20 000 人 | 0.125 元 |

从表7-1广告价格绝对金额看，甲杂志比乙杂志便宜；但从广告价格的相对金额看，甲杂志比乙杂志贵60%。所以在选用广告媒体时，这方面的问题必须认真加以考虑。

在实际工作中，对广告的相对价格如何计算呢？一般的计算公式是：

1. 报纸广告百万字行发行费

$$百万字行发行费 = \frac{每行价格 \times 1\ 000\ 000}{发行量}$$

例如，假设《人民日报》发行量为500万份，每栏每行13个小5号字，价格25元，代入公式计算：

$$百万字行发行费 = \frac{25 \times 1\ 000\ 000}{5\ 000\ 000} = 5\ （元）$$

2. 杂志千人页发行费

$$千人页发行费 = \frac{每行价格 \times 1\,000}{发行量}$$

例如，假设《中国妇女》月刊发行量为 140 万册，每页价格（彩色版）6 000 元，代入公式计算：

$$千人页发行费 = \frac{6\,000 \times 1\,000}{1\,400\,000} = 4.29 （元）$$

3. 电视每秒万人价格

$$每秒万人价格 = \frac{每次每秒价格 \times 10\,000}{预计收看人数}$$

例如，假设中央电视台二频道收看人数为 1 000 万人，A 类广告每秒每次价为 9 元，代入公式计算：

$$每秒万人价格 = \frac{9 \times 10\,000}{10\,000\,000} = 0.009 （元）$$

广播广告相对价格，可参考电视每秒万人价格公式换算，只将预计收看人数改为预计收听人数即可。

4. 网络每千人点击成本

$$每千人点击成本 = \frac{广告费用 \times 1\,000}{点击人数}$$

例如，某网站一则广告投入是 600 元，点击人数是 10 000 人，代入公式计算：

$$每千人点击成本 = \frac{600 \times 1\,000}{10\,000} = 60 （元）$$

此外，大家在实际工作中还应切记，各种媒体广告的制作费也不相同，如四大传统媒体中的电视广告制作费就较其他媒体贵得多。

（六）根据广告效果选择媒体

广告效果问题，实质上是一个相当复杂而又难以估价的问题。一般来说，广告客户在选择媒体时应该坚持选择广告投资少，但又能取得较好效果的媒体做广告。例如，在发行量拥有 75 万份的某报纸上做广告，广告价格为 1 173 元，这就是说，广告客户在每张报纸中只要花 2 厘钱，就可以将其产品信息传递给读者，这比寄一封平信要便宜得多。如果接受广告信息的 75 万人中，只有 10% 的人对广告做出反应，那么，这个广告就能够把广告费全部收回来。

## 第四节 不同类型的媒体选择

每一媒体所具有的独特功能既是它的优势，也可能在某种条件下成为不足。即使是优势功能，对于不同的产品也有可能产生相反的作用。同样，每一种产品因其特点和消费者不同，在媒体选择上就不能千篇一律，总有一种或几种媒体适合，而其他的就不太适合。

市场在不断变化，许多主观条件和客观条件也在随时变化，因此综合衡量媒体的功能，与自己的实际情况相结合，才能对媒体做出准确的选择。下面我们主要从媒体的角度去探讨不同媒体选择的一般方法。

**一、电视媒体的选择**

电视媒体作为现代社会最重要的传播工具，它的独特魅力吸引了众多的企业，成为目前广告主的首选媒体。

但是电视媒体由于各级电视台的设备、人员等不同，造成在功能上存在很大的差异。如果选择不当，不仅不能达到预期的目的，而且还会浪费资金和机会。因此，在电视媒体的选择上要特别慎重，既要考虑到与预定的目标一致，又要尽量节省资金。

（一）电视媒体的选择原则

（1）覆盖范围：覆盖范围尽量广，与目标市场区域相适应；

（2）接触率：信誉度、权威性相对较高，能被更多的观众看到并接受；

（3）受众目标：目标人群更集中，针对性更强；

（4）价格比：价格相对较低。

（二）电视媒体的具体选择方法

（1）时期：发布时期要与营销策略相配合，要根据每一个电视台的具体情况，选择最佳时期；

（2）级别：选择影响大、信誉度高的电视台，尽量让更多的受众接触；

（3）时段及时间的选择：选择收视率高的时段或时间，选择目标或潜在消费者特别关注的时段或时间；

（4）发布频率：根据具体情况增加或减少广告密度或次数；

（5）长度：根据需要以适当的成本达到较好的效果；

（6）栏目状况：各电视台的栏目组合不同，不同时间点的不同栏目适合不同的消费人群。

在电视媒体的选择过程中，首先要考虑电视媒体的特点：告知功能强于其他功能；其次要考虑产品特点、产品阶段是否适合采用；最后要考虑产品的消费者所需要的适合的时间及时段等。

**二、报纸媒体选择**

报纸媒体是现代传播的重要媒体之一，报纸媒体由于信息量大，信息详细，因而受注目程度很高；但由于当前社会上出现的报纸种类繁多，水平良莠不齐，因此其功能的发挥受到一定的限制。

在报纸媒体的选择中，要尽量避免选择太多种类和数量的报纸；要根据产品、销售区域、目标消费群，选择相应的报纸种类和数量，尽可能重点告知。这样既具有针对性，又能节省资金。

（一）报纸媒体的选择原则

（1）覆盖范围：覆盖范围要广泛，与市场区域相适应；

（2）接触率：信誉相对较高，能被更多读者阅读；

（3）受众目标：目标人群更集中；

（4）价格比：价格相对较低。

（二）报纸媒体的具体选择方法

（1）时期：发布时期要与营销策略相配合，要根据具体情况，选择最佳时期；

（2）时间：尽量让更多的读者接触，特别要针对可能的或潜在的目标人群；

（3）类别：选择影响大、信誉高的报纸，选择目标或潜在消费者特别关注的报纸；

（4）发布频率：根据具体情况增加或减少广告密度或次数；

（5）版面、版位：适当的版面及版位能使资源及效果得到实现。

报纸媒体的特点决定了它最适合理性产品的诉求告知及一般感性产品的促销告知，在与其他媒体的组合中，我们要考虑是先用报纸还是后用报纸？在什么阶段用报纸有更好的效果？同时，在采用报纸媒体时一定要注意产品的消费人群最关心的版面、报纸的种类和可能购买的时间，等等。

### 三、广播媒体的选择

广播媒体的适应性非常强，受时间、环境、位置的影响较小，具有很强的灵活性。但是因其没有视觉效果，影响力相对较弱。因此在广播媒体的选择上，一定要在特定的时间对特定的人群进行多次、反复的诉求。

（一）广播媒体的选择原则

（1）覆盖范围：覆盖范围广泛、全面，与市场相适应；

（2）目标群体：目标人群更集中、更明显；

（3）时间性：高收听时间，高收听栏目。

（二）广播媒体的具体选择方法

（1）时期与时间：发布时期要与营销策略配合，选择影响大、收听率高的时间；

（2）频率：根据产品的不同阶段做适当调整；

（3）时段及内容：选择收听率高的时段或栏目，选用目标或潜在消费者特别关注的内容；

（4）长度：采用较长的形式。

广播媒体有它的局限性，在品牌未被认知以前，通过广播去告知，容易造成对品牌文字理解上的错误，因为它不同于电视的声、色、形整体表现，又不同于平面媒体的色、形表现，它只有声音表现，声音是可以创造激情的，所以较适合促销活动以及淡季期间品牌的认知过渡、保持广告攻势在旺季来临之前的连接等。

**四、户内外媒体的选择**

户内外媒体的固定性和受众的随意性决定了其对地点、环境的要求很高，更因为其静止的状态、注意时间短，而要求户内外媒体具有冲击力强、与产品结合紧密的特点。

（一）户内外媒体的选择

（1）与产品的结合力：应与产品特点相适应，并能表现产品的独特性；

（2）地点与人群的集中性：更加广泛的人群接触，更具影响力的地点。

（二）户内外媒体的具体选择方法

（1）时期与时间：发布时间要与营销策略相配合，要根据具体情况确立发布的机会和期限；

（2）地点：要选择尽量让更多的受众接触、具有较强的影响力和号召力的地方；

（3）尺寸及材料：选择合理的尺寸及材料，与产品、地点结合起来。

户内外广告主要是表现产品品牌形象的，一般产品在上市之后达到一定认知后采用，同时要考虑何种产品适合品牌形象告知，因为有些产品需要有品牌才能达到销售的目的，而有些产品是不需要品牌就能销售的。特别要注意的是，品牌在某一阶段能对销售起作用，而在另外一些阶段是不起作用的。所以我们要根据产品特点及品牌发展的不同阶段来做品牌提升，学会借用户内外媒体的辅助达到企业的既定目标。

**五、杂志媒体的选择**

杂志是现代媒体中相对稳定的媒体，它不仅在内容、时间上相对稳定，而且阅读人群也相对稳定。如何发挥、利用好杂志的特性，对广告效果是非常重要的。

但是由于杂志的发行范围不像电视、报纸、广播那样确定，具有很强的流动性，因此很难通过定量的标准衡量其效果，因而最好选择相对成熟的杂志。

（一）杂志媒体的选择

（1）相对发行区域：覆盖范围尽量广泛，与市场区域相适应；

（2）受众目标：目标人群更集中，更有针对性；

（3）价格比：价格相对比较低廉。

（二）杂志媒体的具体选择方法

（1）时期与时间：发布时期、时间要与营销策略相配合，要根据杂志的发布间隔，做到疏密有致；

（2）类别：要尽量让更多的受众接触到，特别要针对可能的或潜在的目标人群；

（3）发布频率：根据具体情况增加或减少广告密度或次数；

（4）版面、版位及内容：适当的版面及版位使资源及效果得到实现。

由于杂志媒体具有发布期长、可控因素差的特性，所以一般采用杂志媒体的多是医药、服饰、箱包等季节性变化较少、产品生命周期相对较长的产品。

### 六、POP 媒体的选择

POP 是与产品结合较紧密的一种广告形式。由于 POP 一般设置在购买终端，距离消费者最近，因而对购买有极大的推动作用。

（一）POP 媒体的选择原则

（1）POP 与产品的结合性：应与产品特点相适应，同时应与产品销售环境相适应；

（2）POP 的独特性：应能体现产品的特点，同时应具有独特的表现性；

（3）POP 对购买的推动性：具有良好的购买氛围，能引起消费者的购买冲动。

（二）POP 媒体的具体选择方法

（1）配套选择：尽量采用多种方式的组合形式；

（2）地点选择：尽量让更多的受众接触到，所以要选择影响力大的销售终端；

（3）易于摆放和观看：应在终端的显著位置上布置，使其能接近受众并适应受众的视觉习惯；

（4）内容集中或尽量详细：首先要有统一的视觉形象，其次是在条件允许的情况下，尽可能将所要表现的内容完备。

POP 的利用，一般是在售卖现场附近，因为 POP 主要起到提醒、制造贩卖气氛的作用，所以感性消费的产品均采于卖点组合。而理性产品在卖场也能起到提醒注意及购买的作用，通常在产品上市及配合促销活动时被采用较多。

### 七、焦点媒体的选择

焦点媒体是近年来出现的新概念，它是介于户内外媒体、POP 之间的一种媒体形式。它既不同于户内外媒体距离受众较远，又不同于 POP 的非实物性，而是将产品和产品有关的设备、广告手段与销售终端相配合的一种媒体形式。它对受众的亲近感、使消费者如临其中的购物氛围，是其他媒体所不及的，因而焦点媒体在传递品牌信息、提升品牌形象、促进购买方面有比较独特的优势。

（一）焦点媒体的选择原则

（1）与销售点的距离：靠近销售点，制造销售点氛围；

（2）组合的冲击力：运用适宜的形式，造成强烈的视觉效果；

（3）内容及设备的实用性：与产品属性相配合，同时与销售环境相配合。

（二）焦点媒体的具体选择方法

（1）发布地点：要选择影响大、效果明显的地方；

（2）时期及时间：要选择合理的发布时间及期限；

（3）适应产品的特性：从形式到内容要与产品贴切，适合销售点营造的气氛；

（4）符合受众接受习惯：便于受众观看，具有一定的感染力。

焦点媒体的特殊性决定了一般感性消费的产品易于采用，因为焦点媒体一般均在视线的平行线上，冲击力较强，易引起购买提醒，依靠品牌销售的产品也较多采用它。它们一般设在主要购物区及售卖点附近，如车站站棚、路旁立杆、灯箱等地。

### 八、网络媒体的选择

随着互联网的高速发展，众多企业纷纷选择了网络媒体进行广告活动。网络媒体的广告影响力与日俱增，与传统媒体逐渐形成了分庭抗礼之势。在激烈的市场竞争中，企业如何选择合适的网络媒体，显得尤为重要。

（一）选择原则

（1）覆盖范围：网站访问量尽量高，能被更多的网民注意；

（2）受众目标：网站覆盖的人群与目标市场相吻合，提高到达目标受众的精确度；

（3）广告效果：对广告曝光次数、点击次数与点击率、转化次数与转化率进行监控，通过第三方统计器，精确计算用户的到访率、回访率、停留时间等；

（4）价格比：结合广告效果进行考虑，通过比较选择性价比较高的方式。

（二）网络媒体的具体选择方法

（1）位置选择：广告产品用户应与网站定位一致，在页面投放的位置应能吸引用户注意；

（2）时间选择：在上网高峰时间投放，或者在目标消费者的习惯上网时间内投放；

（3）类型选择：在技术层面，可供选择的类型有静态图片、动态图片、flash媒体动画、视频等，在渠道层面，可选择综合门户网站、专业性网站、邮件、搜索引擎关键词等，在形式层面，有悬浮式、弹出式、按钮式、滚动条等多种方式选择；

（4）吸引受众观看：在海量的广告中，有创意的广告才能吸引网民注意、接受并产生消费行为，否则容易被目标客户群忽略。

值得一提的是，企业在选择了合适的网络媒体后，应同时加强对企业自身网站的建设。当网络广告被用户注意之后，引向的企业网站如果过于粗糙，就会造成对广告流量的浪费，从而降低转化率，使广告效果无法实现。

以上所列八种不同类型的媒体，只是众多广告媒体中经常使用的。而在广告活动中，企业绝不会仅仅选择某一种媒体，而是实施媒体战略，进行强有力的媒体组合运用，使之形成 1+1>2 的效果。

# 第八章 媒体组合

媒体组合是指在广告发布计划中，在一定的时间段里运用两种以上的不同媒体，或是同一媒体运用两种以上不同的发布形式、不同的发布时间的组合状态。

媒体组合对于企业有效利用媒体资源，节省推广费用，达到更有利的竞争地位是至关重要的，同时，媒体组合可以在竞争环境较为复杂的状况下使企业能按照自己的策略一步步地稳步推进，取得最明显的推广效果。

## 第一节 媒体组合的概况

### 一、媒体组合的一般状况

媒体组合的一般状况是指在媒体选择及各媒体之间搭配的一般性方法。

一般状况下的媒体组合要求在媒体选择及各媒体之间搭配上需根据媒体的不同特点进行组合，尽量利用媒体各自的优势及组合后形成的新优势，达到媒体组合为企业的发展战略、营销战略提供良好环境和竞争优势的目的。

一般状况下的媒体组合不是针对某一类企业或某一类产品的，而是从媒体的特点及功能出发去探讨各媒体之间的关系，因而在此只提供媒体之间的一般组合方法，没有对这种或那种组合及某一类企业或某一类产品的作用进行分析和解释。这样做是为了能更清楚地介绍媒体组合在形式上的差异，以便使用者在实际操作过程中可以根据自己企业或产品的条件和需要选择一种或多种组合方式，或根据提供的方法进行调整。

（一）电视媒体组合

电视媒体组合是将有关电视的各种可能及重要的组合方法进行说明。

电视媒体组合是根据各级别电视台的不同特点及功能加以组合，在发挥各电视台自身优势的同时，通过组合，形成新的、带有更加明显功效的优势，满足企业及产品在营销战略上的需求。

电视媒体组合主要包括：

（1）中央级与区域级的组合；

（2）地方台之间的组合；

（3）有线台与无线台的组合；

（4）卫星台的组合；

（5）卫星台与地方台的组合；

（6）时段的组合；

（7）栏目内容的组合；

（8）广告长度的组合。

（二）报纸媒体组合

报纸是传统的四大媒体之一，它所能起的作用在电视进入我们的生活以前是任何媒体都无法比拟的。如今，随着社会的发展和进步，许多新兴媒体在我们的生活中变得越来越重要，但仍没有一种媒体能取代报纸，因为报纸的独特传播功能已经被广大受众所接受，我们在利用报纸进行媒体组合时一定要注意的是：报纸由于种类繁多，针对不同人群不同行业等所办报纸又受其办报宗旨及能力的限制，使其观赏程度各不相同。虽然有发行量的考量，但受行业的政策限制，其真正的针对消费群的阅读性同样需要我们在组合时加以考虑。如何利用报纸的特点达成企业想达到的目标？如何选择报纸媒体，利用它达到何种目的？等等，这些都是组合的关键。

报纸媒体组合主要包括：

（1）中央级与区域级的组合；

（2）不同类型报纸版面与版位的组合；

（3）时间排列组合。

（三）杂志媒体组合

杂志前些年发展非常迅速，种类越来越多，涉及的范围越来越广，但是真正有影响的杂志并不多，且杂志由于出版周期较长，版面有限，所以有一定的局限性。

但是杂志的阅读群较为固定，而且目标消费群特别明确、集中，这是其他媒体不能相比的。因此，如何选择好的、适宜的杂志种类，利用杂志的优势，降低杂志的不利因素，是杂志媒体组合的关键。

杂志媒体组合主要包括：

（1）全国发行杂志的组合；

（2）区域发行杂志的组合；

（3）全国发行与区域发行杂志的组合；

（4）不同类型杂志的组合。

（四）广播媒体组合

广播媒体过去曾作为主要媒体在广告业中产生过巨大作用，但随着高新科技的发展，特别是信息技术的进步，广播的媒体作用日益下降，已经退出主要媒体的行列。可是作为一种具有相对稳定的听众群的媒体，它的方便性和相对的感染力在现代众多的媒体中仍然有一定的地位。因此，如果广播媒体运用得恰当、适时，也会取得比较好的效果。

选择广播媒体时应注意用比较直接、简洁的内容及形式传播信息，尽量避免比较烦琐的内容和形式。在此类组合上，时间性显得尤为重要，因为在一般情况下，广播时间具有相对稳定的收听人群，因此所有的组合形式应围绕收听人群或目标人群来进行。

广播媒体组合主要包括：

（1）中央台与区域台的组合；

（2）区域台之间的组合；

（3）有线台与无线台的组合；

（4）时段的组合；

（5）栏目的组合；

（6）广告长度的组合。

（五）户内外媒体组合

户内外媒体组合在所有媒体组合中是最不易确定及把握的，因为作为户内外媒体本身来讲，它需要与区域销售相互作为一种辅助媒体，因此应根据产品及品牌的发展状况和发展需求，有选择地使用。

户内外媒体组合应侧重在发展状况比较良好的区域及影响力较强的地点进行，同时需要安排好其发布的时间，因为发展状况及影响力决定户内外媒体的实际策略，而发布时间则决定效果的延续，因此在组合中要紧密与其他媒体相配合，使户内外媒体能充分发挥其作用。

户内外媒体组合主要包括：

（1）重点区域组合；

（2）一般区域组合；

（3）重点区域与一般区域组合；

（4）时间组合；

（5）地点与终端组合。

（六）网络媒体组合

组合投放广告能有效降低风险，这个特征在丰富多彩的互联网时代尤为明显。互联网在广告活动中提供了关于广告投放的多种选择，具体包括发布渠道、展示形式、技术模式等多个维度。因此，企业在运用互联网媒体时，应充分利用各种形式的特点，扬长避短，实现资源的优化配置，使得广告效果最大化。

网络媒体组合主要包括：

（1）网站、搜索引擎关键词、邮箱、软件程序等发布渠道的组合；

（2）全国性、省级与地方之间的区域组合；

（3）图片、文字、动画与视频的组合；

（4）滚动条、内嵌式、弹出式、悬浮式等展示方式的组合；

（5）网络广告与企业网站的组合。

## 二、媒体组合的条件

媒体组合需要在一定的条件制约下进行和规划。制约媒体组合的条件有很多，这些条件因不同产品、不同时期、不同地域等因素而各不相同。它的某一方面条件的改变，都会影响媒体的选择和组合。根据这些条件的现实状况和可能出现的变化，选择切实可行的媒体及组合形式，就可以发挥各种媒体的独特优势，达到媒体组合的效果，从而实现甚至超过期望的目标。反之，不根据具体条件而进行组合，就可能浪费宝贵的资源和机会，不但达不到预期的目标，甚至有可能得到相反的结果。

制约媒体组合的条件主要有：

（一）市场条件

市场条件决定媒体组合的方向。一种产品或服务在不同的时期、不同的市场状况下会出现不同的市场导向。充分了解本产品或服务在市场中所处的时期和状况，就可以在媒体组合中有针对性地强化市场条件，弥补缺漏，从而有的放矢地确定组合的原则，采取适合的组合策略，促使市场条件向积极的、有利的方向发展和延续，达到预期的媒体组合目的。

市场条件包括：

（1）产品被认知和被应用程度；

（2）企业及产品的知名度和市场占有率；

（3）产品的生命周期。

（二）竞争条件

竞争条件决定媒体组合的程度。市场经济一个显著的特点就是竞争日趋激烈。一个好的产品或服务在市场上出现不久，就会有新的竞争者出现。针对竞争者的发展状况和产品情况，特别是其宣传及推广策略，找出具有针对性的媒体组合策略，不但能抑制竞争者对本品牌产品的冲击，而且能使自己的产品或服务在市场上保持较好的发展状态，并借助竞争品牌的推广，调整媒体组合策略，扩大市场优势，从而以较小的投入，获取较大的效果。正所谓知己知彼，百战不殆。

竞争条件包括：

（1）同类产品的数量及种类；

（2）同类产品被认知及被应用程度；

（3）同类企业和产品的知名度及市场占有率；

（4）同类产品的媒体投入及效果。

（三）产品条件

产品条件决定媒体组合的选择性。产品的最终用户是消费者，而媒体的功能之一就是对潜在消费者的影响。现代社会由于信息传播的多样化和消费者层次的不同，仅依靠一种方式影响消费者的办法是远远达不到目的的；而每一种产品的特殊性又决定了它适宜采取的媒体方式不同。因此，根据产品的条件，选择合适的媒体做媒体组合，才能把信息准确地传达给真正的目标消费者，才能有效地传达消费者关心的信息，才能被消费者接受，才能增强消费者使用产品的信心。

产品条件包括：

（1）产品功效的独特性；

（2）产品包装上的独特性；

（3）产品价格上的优势；

（4）产品利益的独特性；

（5）产品广告诉求上的独特性；

（6）产品独特的销售主张。

（四）环境条件

环境条件决定媒体组合的接受性。虽然同一媒体的功能无论在何时何地都是一样的，但是由于不同地区的受众受当地经济条件、现代化程度、传统习惯以及已经形成的思维模式的影响，对同一媒体的接受存在很大的差异。我国地域辽阔，民族众多，各地区的发展很不平衡，许多地方还保留着约定俗成的东西。因此，在媒体组合上应充分考虑与地域环境相配合，选择既符合地域环境特点，又能实现组合目标的组合形式，使媒体组合达到事半功倍的效果。

环境条件包括：

（1）现代化程度；

（2）经济发展状况；

（3）传统习惯；

（4）地域文化；

（5）教育程度。

（五）媒体条件

媒体条件决定媒体组合的效果性。每一种媒体在广告中都具有自身独特的发布形式，存在优势与劣势。同时每一种媒体的影响及效果不同，即使在同一区域，不同媒体的发展程度也不尽相同，并造成同一种媒体的效果差异。因此在媒体组合中，媒体自身的情况一方面反映着其广告效果的好坏，另一方面也制约着与其他媒体的组合形式，既要组合，又要有互相补充、互相协调的功能，这样才能保持媒体本身与其他媒体组合后的效果，同时能产生较好的效果，达到"花同样的钱，办更多的事"的目的。

媒体条件包括：

（1）媒体的种类及数量；

（2）媒体的发展状况。

（六）资源条件

资源条件决定媒体组合的持续性。媒体组合无论选择何种媒体进行任何形式的组合，近期的效果如何好，最根本的一点是需要以资源作保证。资源充分，媒体组合可以做得更完备，选择的余地也更大；资源不充分，媒体组合要做得更切合实际，更注重效果。当然，无论是资源充分或不充分，都要注重实际的效果，而不能盲目夸大，要珍惜宝贵的资源。

在效果不同的情况下，合理使用资源，达到预期的目的本身就是媒体组合的原则。同时，保持资源的持续发展，充分利用已有的资源对组合进行支持，就能既节约资源，又能取得更好的效果。

资源条件包括：

（1）财力资源；

（2）人力资源；

（3）储备资源。

（七）政策条件

政策条件主要是指各种政策因素的制约影响着媒体的组合。政策在现代社会是必需的，并具有指导意义。在媒体组合中要充分考虑各种政策因素，要充分实施和利用好政策范围空间，极大地发挥政策的保护作用，并有效调整和完善政策所允许的优势，使媒体组合在相对稳定且有秩序的范围内实现最佳效果。

政策条件包括：

（1）国家政策的统一性；

（2）地方政策的保护性；

（3）媒体自身的特别政策；

（4）企业目标；

（5）银行及投资方的影响。

### 三、媒体组合的优势

媒体组合的优势主要表现在：恰到好处的媒体组合能使广告的影响力大、冲击力强、功效持久。

（一）影响力大

媒体组合可以增强媒体效果，补充单一媒体的缺陷，更可以通过媒体的交叉使用，提高媒体在一定时期内的作用，以达到最佳的影响效果，同时扩大影响范围，使更多的潜在消费群能够认知，提高产品品牌的普及率，保证在相对较短的时间内更快速、更直接地影响目标消费群，以期占领更有利的市场机会。

（二）冲击力强

媒体组合可以更全面地发挥媒体功效，使其使用的媒体成为一个相对完整、立体的信息网络，强化单一媒体所不能达到的效果，从而形成较强的广告力度，使竞争性得到加强，并通过交互式作用，多方面冲击消费者感官，加强对品牌及产品的印象，有效抑制及抗击竞争品牌的广告效果，提高产品的占有率和使用率。

（三）功效持久

媒体组合可以使媒体的短期功效转移为长期功效，这种转移作用是利用短期媒体的不断积累，作用于相对长期的媒体，使品牌及产品的影响及冲击力得到保持并发展，不至呈现信息的断缺，造成遗忘及信息曲线下降，在一定时期内维持消费者的忠诚度。

## 第二节　媒体组合运用战略

### 一、单个媒体运用战略

运用某一种广告媒体进行广告宣传的广告媒体战略方案称为单个媒体运用战略，如单独运用广播媒体，或单独运用报纸媒体等。它比较适合于两种情况：一是中型企业因财力有限或大型企业财源暂时紧张，不得不选用一种媒体进行广告宣传；二是由于企业只有暂时性的或短期的推销需要。

选择单个媒体有两种常用的方法：

（1）经验法：这是在经过多种广告媒体的使用以后，通过对比分析，找出其中传播效果最为理想的一种媒体，然后专门选择这种媒体来进行产品推销。

（2）筛选法：通过深入细致的调查研究，对多种媒体进行分析、评价、互相比较，从中挑选出一种最合适的媒体。研究分析的内容包括计划选择的媒体对象，也包括广告宣传计划的目标，如能否强烈吸引目标消费者的注意力？能否有利于树立产品及其企业的形象，扩大消费市场，开拓销售渠道？能否与消费者充分沟通，直接促进销售？将不符合上述条件的媒体一一筛选过滤，从而挑选出最有效的媒体。

运用单个媒体做广告一定要在媒体的选择上谨慎从事，这种媒体战略不像媒体组合法那样，一旦某种媒体选错了，还有另外的媒体来做补充。单个媒体一旦选错，整个广告计划便会失败。

### 二、媒体组合运用战略

在同一时期里运用多种媒体发布内容大致相同的广告称为媒体组合运用战略。

这是广告宣传经常采用的方法。运用这种方法可以扩大广告的影响范围，增加广告接收效果，有利于造成强大的广告声势，增强广告的感染力，吸引消费者的注意力，从而激发其购买欲望，促进销售，扩大市场。同单个媒体运用方法相比，两种或多种媒体交错使用，同时进行广告宣传，可以产生出乎意料的效果。单个媒体重复传播4次，远不如用4种媒体各传播一次相同广告的影响深刻，这是由人的记忆心理特点决定的。

媒体组合的原则是使在每一种媒体上推出的广告相互协调，以一定的广告费投入，获得最好的效果。

媒体组合的方法有多种，下面简单介绍几种：

（1）同类媒体的组合。把属于同一类别的不同媒体进行组合，如把印刷品媒体中的报纸、杂志及挂历、宣传小册子组合起来，用这几种媒体同时宣传某种产品或服务，这便是一种组合。也可以将两种或两种以上的不同报纸或杂志进行组合，这也属同类媒体的组合。在网站、博客和邮件里展示同一产品、在广播的不同频道播放同一广告也属此类组合。这种组合方法的传播效果强于单个媒体，但还不是最理想的。

（2）不同类型媒体的组合。把属于不同类型的媒体进行组合，如听觉媒体与视觉媒体进行组合，印刷媒体与电子媒体进行组合等。不同类型的媒体组合，可以调动人的多种感官，有利于增强记忆，从而争取较为理想的广告宣传效果。

（3）自用媒体与租用媒体的组合。这是指广告主在花钱购买媒体，进行组合运用之外，利用自用媒体（如销售现场媒体及产品订单、包装盒、霓虹灯、招贴画等媒体）与之配合，从而为产品造成声势，扩大影响。一般来说，企业除了利用电视、报纸、互联网等媒体进行广告宣传外，都会以自用媒体作为补充。

运用媒体组合战略要注意以下几方面的问题：

第一，要充分了解所选用媒体的优点与缺点，进行组合时，要使两种或几种媒体相互弥补不足，以利于产生最佳组合效果。

第二，要选择最适合宣传自己产品的媒体，或者说根据自己产品的特点来选择那些最能表现该产品优点与特征的媒体进行组合。

第三，广告费使用要量力而行，根据自己的财力情况及各种媒体的收费情况，进行合理而有利的选择及组合。

第四，在媒体组合方式上要别具一格，富有新意，以求在竞争中高人一筹。

媒体组合是一个较为复杂的问题，何种组合最佳，还要视具体情况而定。

### 三、最佳媒体组合

如前所述，媒体组合运用是广告传播中经常采用的一种方法，它是在同一时期内运用多种媒体发布内容基本一致的广告。媒体组合的方式有多种，可以在同类媒体中进行组合，也可用不同类型的媒体进行组合，每种组合方式都有自己的特点，而最佳媒体组合是通过使各种媒体相互协调，效果配合，以最小的投入获得最大的广告效果。实现最佳媒体组合，涉及许多方面的条件和因素，国外对此有过不少研究，这里将美国玛嘉丽特·赖尔的《媒体选择备忘》介绍如下，以供参考（表8-1）。

表8-1 主要媒体效果比较表

| 项　　目 | 电视 | 电台 | 杂志 | 日报 | 户外 |
|---------|------|------|------|------|------|
| 目标传达<br>（18岁以上的妇女） | A | A | A | C | C |
| 创造情绪的能力 | A | C | B | C | D |
| 消费者参与媒体 | A | B | B | C | C |
| 视觉特征 | A | D | B | C | B |
| 支配感觉 | A | B | B | B | B |
| 都市集中 | A | A | B | A | A |
| 市场弹性 | A | A | B | A | A |
| 季节弹性 | B | A | A | A | B |

这是几种主要媒体在各种情况下的效果比较，其中A优秀，B良好，C尚好，D不适当。一般来说，有这样几种媒体组合形式效果较好：

（1）报纸与广播搭配，可使各种不同文化程度的受众都接收到广告信息。

（2）报纸或电视与售点广告搭配，有利于提醒消费者购买自己已经有了购买欲望的商品。

（3）报纸与电视搭配，以报纸先行，先将广告信息传送给受众，使人们在对产品有了较全面、详细的了解之后，再运用电视媒体进行大规模宣传，使产品销售市场逐步扩大，也可用来强力推销。

（4）报纸或电视与邮寄广告相配合，以邮寄广告为先锋，做试探性广告宣传，然后以报纸或电视做强力推销，这样可以产生大面积的成效。

（5）报纸与杂志搭配，可用报纸广告做强力推销，而用杂志来稳定市场，或者用报纸广告进行地区性宣传，而用杂志做全国性大范围宣传。

（6）利用邮寄广告和售点广告或海报等相配合，可对某一特定地区进行广告宣传，从而巩固和发展市场。

在互联网高速发展的背景下，出现了有互联网参与的广告媒体组合方式，比如网络与报纸、电视、杂志的多重搭配，可充分利用电视的强力推入，报纸的持久曝光，杂志的专业稳定和网络的实时交互，尤其适合于汽车、珠宝等高价商品的全国推广，可实现对目标市场的全方位覆盖。

## 第三节 媒体组合的控制与评估

前面我们讲了媒体组合的内容，也介绍了媒体组合运用的战略，那么我们是否就可以放心地用媒体组合来应付市场上千变万化的情况呢？不能，因为媒体组合只是我们达到目标的一个手段，而这个手段是否能真正起作用，我们还要在实践中去完善它。市场是无情的、变化的，而我们每一个企业的固有资源又是有限的，我们对媒体的了解也很少，以至于我们在应用媒体时有许多盲目性，使媒体组合的威力无法显现出来，同时因为中国的具体国情使各区域的媒体发展与中国市场一样不均衡，所以我们对媒体组合的控制、评估就显得非常重要。只有这样，才能在认识中国市场的同时认识中国媒体，才能更有效地利用中国特色的资源，把我们的产品推向市场，并能有效地树立企业形象。

### 一、时间控制

时间控制是指广告发布的时间和频率与所设定的目标是否一致。具体策略有以下几种：

（1）集中时间发布策略，即在控制的时间内，对特定的目标市场发动强有力的攻势，造成一种广告冲击波，是否能达到目标，要注意短时间内的广告力度。这种策略一般是多媒体进行组合，以加强其攻势。

（2）均衡时间发布策略，即按计划不断对目标市场发布广告的策略，目的是通过不间断的刺激和影响，扩大企业的广告知名度，要注意产品特性，控制时间节奏。这种策略一般用于日常生活用品，尤其是换季不明显、花色品种多的商品。

（3）节假日时间策略，节假日是购物高峰期，在节假日前安排强大的广告攻势，可以取得更好的销售业绩。

（4）季节时间策略，换季明显的商品应在旺季前开始广告攻势，在旺季中加强销售终端的促销。

### 二、费用控制

媒体组合及广告推广的任何行为成败的测定，往往是根据发布当日的效果及销售额、利润来测定的。但由于每次组合时的目的不同，所以结果也不一样。这里要分几方面来测定广告费用的使用状况，其主要测定指标：（1）广告费用指标；（2）广告效果指标；（3）单位广告费用销售增加额；（4）市场占有率。

由于广告费用控制原因非常多，有些企业先采用品种来认知，然后产品进入；

有些企业是在产品导入期末期进入市场，希望迅速提升品牌和扩大市场占有率，所以各种企业自身在市场上的策略不同，所要达到的长期利益与短期利益不同，计算出的结果就会与企业的目标不一致，因此我们在这里不列举具体的费用计算方式，企业可根据自身状况和需求参考相关的广告效果指数法、广告指数法、广告相关系数指数测定法、广告费用指标法等测定。在这里只提出费用控制要考虑的主要因素，仅供参考：

（1）广告投入后，销售额及利润的增减。

（2）广告投入后，销售额变化不大，若取消广告，销售额会下降，这时广告投入起维持作用。

（3）广告投入后，短期无明显作用，长期坚持下去则会出现明显效果，这时广告是长期战略的体现。

### 三、组合效果评估

这里主要列出媒体组合效果评估的具体内容，在企业要达到不同目的的情况下，在某一阶段实施的费用是不相同的。

（1）感知程度：注目率、阅读率、精读率各为多少？视听率、认知率各为多少？这些测定一般与广告同步或稍后进行。

（2）记忆效率：主要是对广告的记忆度（消费者对广告的记忆程度）进行测定，其测定方式分辅助回忆法和无辅助回忆法两种。

（3）态度倾向：测定广告播出后受众对企业及其产品的态度，其测定内容为购买动机是否受广告影响，受广告影响采取购买行为的比率等。

（4）好感度：广告的说服力指标，其测定内容为能否激发消费者的购买欲望，广告能否达到对消费者的心理产生影响。

（5）偏好：这是广告心理效果最好的一种表达方式，广告表现出的成功与媒体组合的成功是创造偏好的基础。

# 第九章 媒体计划

广告信息在何时出现最为合适？广告信息出现在哪些广告媒体上最为合适？广告主计划利用广告媒体将广告信息传达给哪些受众？期望广告在播出、刊出或者置于网络上之后能够产生什么效果？要回答这些问题，关键就在于是否可以在媒体计划中找到答案。

对于广告主来讲，媒体计划就是实施广告计划的具体步骤和蓝图，只有确定了广告计划的蓝图，一切工作才有可能有条不紊地开展和进行。因此制订媒体计划的最终目的在于，通过利用广告媒体传达广告信息的方式，促使销售目标的实现。

在制订媒体计划过程中，广告主要充分考虑到以下几个因素：（1）计划的各个组成部分；（2）能够对媒体计划产生影响的各种因素；（3）媒体策略；（4）媒体技巧；（5）媒体计划模式；（6）广告的累积效应；（7）购买媒体。

虽然媒体计划是广告主使用各种广告媒体的日程安排表，但这并不是制订媒体计划的根本目的。媒体计划的最终目标是如何在广告预算允许范围之内对运用广告媒体来传达广告信息进行周密安排及协调实施。归根结底只有一句话，就是如何才能在尽量少花钱的基础上使广告产生更好、更为显著的效果。

## 第一节 媒体计划的内容

### 一、媒体计划的各个组成部分

媒体计划包括：了解销售问题、制定解决销售问题的方案，以及如何通过制定媒体目标、媒体策略和运用媒体技巧来起到沟通作用。在这几个步骤具体落实和媒体计划制订过程中，广告主要充分考虑媒体计划各个组成部分的作用，并加以妥善处理，使之能够产生积极的效果。广告是否能够取得良好的效果，关键就在于媒体计划的各个组成部分是否切实可行，彼此之间是否能够协调一致。

下面着重对媒体目标、媒体策略、媒体技巧及媒体购买加以介绍。

（一）媒体目标

媒体目标是整个媒体计划模式的组成部分，与其他目标相比，媒体目标要求做到精确并以数量表示。如某一广告主可将其媒体目标设定为：通过在一段时间内播出 20 次广告节目，使广告信息的到达率在目标市场中达到 90%，在整个市场中达到 75%。当然，媒体目标主要取决于该广告主业已制定的销售目标及市场策略。

（二）媒体策略

为了制定媒体策略，广告主必须将媒体目标"翻译"成有助于媒体选择与运用的准则，覆盖面，到达率、暴露频次和毛评点，连续性，控制是媒体策略决定的 4 个重要组成部分。有关这方面的内容，我们将在本章第二节予以介绍。

（三）媒体技巧

所谓媒体技巧就是媒体策略的具体实施方式，主要包括媒体的选择、媒体传播的时机（即广告排期）等，正是由于媒体技巧提供的信息才使得媒体计划得以完善。

（四）媒体购买

媒体计划的最后一项内容就是媒体购买。在做出媒体购买决定之前，广告主应首先核实广告经费数额。为了做到心中有数，广告主还应收集有关数据，以正确评估广告对于企业产品销量的影响。假若在计划付诸实施之后不对具体实施情况及实施结果进行跟踪调查，计划岂不形同虚设？此外，在做出媒体购买决定时，广告主还应考虑广告媒体的各项具体情况。

**二、能够对媒体计划施以影响的各种因素**

能够对媒体计划施以影响的因素有：广告预算规模、媒体效率、媒体可行性、媒体折扣结构、竞争、产品性质及促销组合等。

（一）广告预算规模

广告预算规模可以对媒体计划产生直接而重大的影响。假定某一广告主的广告预算总额为 20 万元，那么这 20 万元就是整个媒体计划的上限。换句话说，就是在对广告媒体进行选择并做出最后购买决定时都要以这 20 万元作为前提，否则就超越了媒体计划的范围。倘若广告主认为广告预算不够，需要再进行追加时，有关人员应特别注意在追加预算没有最后落实之前，不要将追加的这部分费用列入计划之内。

（二）媒体效率

要确定某一广告媒体效率是比较困难的，例如，广告媒体的覆盖范围有多大？发行量、读者（听众、观众）数量如何？这些都属于广告媒体效率的范畴之内。

（三）媒体可行性

在制订媒体计划时，媒体可行性是一个必不可少的组成部分。试想，如果媒体计划中包含有利用地方性广播电台来传送信息的内容，但在具体实行媒体计划时才突然发现当地根本就没有广播电台，后果会怎样？

就当下中国网络媒体的发展而言，有些地区的网络设施并不完善，在制订媒体计划的时候，应充分考虑到局域性。

此外，媒体的可行性还涉及能否保证广告信息的播出时间或刊载版面。如果某一广告主打算在黄金时间播出广告并为此制订了相应的媒体计划，但播出时间却无法得到落实，那岂不是贻误战机？

因此，广告主在制订广告媒体计划时要充分考虑媒体的可行性。如果某一地区的媒体不具备或不符合广告主的条件和需要，那么广告主就要做出决定，或变更原来的计划或另谋他途。

（四）媒体折扣结构

同购物相似，广告媒体机构为吸引广告主前来光顾，也采用打折的方式。因此，做出媒体决定时，广告主应充分了解各个不同广告媒体机构及同类广告媒体但不同机构之间所存在的价格差异，以做到在保证广告质量的前提下尽可能地节约广告费用。

（五）竞争

为了使自身立于不败之地，广告主都先对竞争对手的广告媒体利用情况进行观察，其目的无非在于力求做到知己知彼，百战不殆。通过这样的观察还可以对消费者如何知悉广告信息有一个大致了解。但是，在初始阶段，一部分广告信息还是要通过传统的广告媒体形式来传达给市场区域内的消费者。这种类型的媒体计划有助于在消费者中对企业及其产品予以正确定位。但是在后期的推广阶段，网络广告的效果确实十分明显，能够让更多的消费者了解到商品，并且可以通过多媒体的形式，深化消费者对于商品和商家的文化内涵。

毫无疑问，媒体计划要受到市场竞争的影响，假定甲广告主借助于推出产品而占据了原本属于乙广告主的市场份额，乙广告主肯定会对此迅速做出反应。在这种情况下，乙广告主的媒体计划不可避免地会发生变化。

（六）产品性质

产品的性质包括这样几个方面的内容：产品的生命周期有多久？产品的性能如何？产品是否符合国际标准？等等。

那么，产品的性质又如何能对广告媒体计划产生影响呢？假定某个广告主开发一个完全不同于其他任何产品的全新产品，为了使这种新产品能为广大消费者所熟悉、认识、购买，这个广告主就要拿出相当数量的广告费用，运用合适的广告媒体来向消费者传递产品信息，如此一来，广告主的媒体计划就要随产品的面世而进行相应的修改和补充。

（七）促销组合

媒体计划实际上就是一个利用媒体将广告信息传达给目标市场的详细行动计划。前面已经讲过，广告和促销两者之间的关系是密不可分、相互并存的，倘若某个广告主打算利用直销的方式来推销产品，那么这个广告主的媒体计划就势必要进行相应的调整，广告、直销等内容发生变化，都会对促销组合的各个方面产生重要影响。当然，促销组合对于广告主媒体计划的影响程度要视营销目标与当时的客观环境而定，但促销组合肯定会对媒体计划产生一定的影响。不仅如此，促销组合的任何细微变化都会对大多数媒体计划之中的灵活性施以一定的影响。故此，倘若促销组合进行规模调整，广告主就必须对广告预算和媒体计划予以重新考虑。

## 第二节　媒体计划实施策略

每一个广告主为保证媒体计划的实施和媒体目标的实现，都竭力制定慎之又慎的媒体策略。这些策略都是媒体计划得以实施和媒体目标得以实现的准绳。如果没有媒体策略，媒体计划的实施和媒体目标的实现便是一句空话。

覆盖面，到达率、暴露频次和毛评点，连续性，控制，是媒体策略的 4 个重要组成部分。无论其中的哪一个组成部分，都会对媒体技巧的发展产生一定的影响。

（一）覆盖面

广告主是要将广告信息传递到全国范围之内，还是要使主要市场范围内的受众做到尽人皆知？这关键取决于广告主的媒体策略决定是属于哪一类型。就媒体策略形式而言，主要有全国性计划、主要市场计划和用于媒体分配的市场取脂计划三种形式。至于哪一种形式的媒体策略最为适用，则主要取决于广告主所制定的媒体目标。

1. 全国性计划

所谓全国性计划，就是力求使广告信息在全国范围内做到尽人皆知。为了达到这个目的，广告主可以选择使用覆盖面广、观众数量多的电视媒体以及发行量大、读者数量多的杂志来播送、刊载广告信息。近年来，随着互联网的高速发展，越来越多的企业更加倾向于选择网络媒体进行广告活动。网络媒体的广告影响力与日俱增，对传统媒体产生了强有力的冲击力。因此，互联网及其他大众传播媒体也是可供选择的广告媒体。

全国性计划的目标是以最高的每千人成本使广告信息尽可能为全国范围的消费者所知晓。为了实现这个目标，广告主就不应只是做到使居住在少数几个大城市中的消费者能接触到产品的广告，而是要力求做到使全国范围内的大多数消费者都能接触到这个产品广告，从而对产品有一定的了解。由此可见，全国性计划具有一个特别之处，那就是广告传播范围是面向全国的。

2. 主要市场计划

如果广告主只选定某一地区或几个地区作为产品市场，为使目标中的消费者能够接触到广告信息，广告主可以采用主要市场媒体计划。对于广告主来讲，利用主要市场媒体计划来开展业务活动，不仅能够将广告信息传递到目标市场，而且还可以节省相当数量的广告时间和经费。

在什么情况下可以使用主要市场计划呢？当广告将某一新产品推介上市时，一般都选择某一个或少数几个地区作为试点，然后才逐渐将市场范围加以扩展。这时便需要在某特定地区内传播产品信息。再者，随着地区、气候等特定因素的不同，同一产品也可分成若干个不同型号，这时也需要在特定的市场范围内使广告信息为消费者所知晓。为此，广告主一般都是采用根据市场环境、产品性能来选择性地实施主要市场计划。

为了使主要市场范围内的消费者能获悉产品广告，广告主应充分利用地区性电视台、地区性广播电台及报纸、杂志的地区版和主流网络媒体等广告媒体。与全国性计划相比，主要市场计划具有节省广告经费的优势，但其传统范围只限定在某一特定的市场区域之内。

3. 市场取脂计划

市场取脂计划是一种依据市场消费者心理而采取的定价策略。新产品的早期使用者通常都愿意以较高的价格来购买新上市的产品，以满足心理需求。这样，生产企业就可以从这部分早期消费者的消费中获取一些利润，在这部分消费者的需求基本得到满足之后，生产企业可再将产品的价格降低一些，以吸引下一个层次或市场中价格弹性较低的消费者。企业之所以要实行市场取脂策略，其目的就是要从新产品早期消费者的消费之中获取溢价，而后企业逐步降低产品的售价，使产品逐渐为各个层次的消费者所接受。市场取脂计划最简单的例子是，在发达国家中，图书出版公司在出版新书时一般都先出版一定数量的精装本，而后才是为真正满足市场需求而出版发行的平装本，其目的就在于从欲先睹为快的消费者中获取溢价。

但是，市场取脂计划一般只适用于以下几种情况：（1）市场中需求弹性的消费者为数众多；（2）产品小批量生产时，单位成本及销售成本不会过高；（3）产品的高价格不会刺激竞争对手也来介入市场；（4）高价格可以为产品创造高品质、高格调的形象。

为了配合市场取脂计划的实施，要求采取的媒体策略也要适应价格逐步下调的需要。如果市场取脂计划能够实现，那么通过这种方式不仅可以起到延长产品生命周期的作用，而且还可以为广告主赢得更多的利润。那么，既然市场取脂计划有这么多的好处，为什么众多广告主都不采用这种方式呢？主要原因在于采用市场取脂计划时要求产品的高价格不会刺激竞争对手也来介入市场，这一点在实际运作时要慎之又慎，或及时把握契机，同竞争对手"打时间仗"。

此外，市场取脂计划还适用于在某一特定市场中销售的产品，但销售这种产品的前提是，一旦该产品在这个市场中进入成熟期或达到饱和之后就不在另外的市场中销售，例如大家都非常熟悉的奔驰汽车、皮尔·卡丹服装等。由于这些产品价格十分昂贵，只能供某一收入层次的消费者消费，因此这些产品也就蒙上了一层神秘的色彩，同时也是消费者身份的象征。但这类产品都有一个共同的特点，无论市场需求发生什么样的变化，其价格都是有升无降。如此一来，只要一提起这些品牌的产品，大家都会自然而然地联想到高品质、高格调的产品形象。

当然，广告主采用市场取脂计划的方式很多，不单单只是从新产品消费者和高收入阶层消费者那里"取脂"，而且可以根据其产品特有的性能和功效，从年龄、性别、种族、文化程度等多方面来实现"取脂"。

（二）到达率、暴露频次和毛评点

到达率是指市场中究竟有多少受众（无论是听众、观众还是读者）至少一次看到或听到广告主传播的广告信息。暴露频次则表示广告信息为受传者听到或看到的次数。毛评点则是表述某一特定广告媒体所达到的收视（听）率总和，也就是接受广告信息的受传者总数。这三个专业术语在数量上都是以百分比的形式来表现的，但在一般应用时却都不加百分比符号。

在实际运作中，到达和暴露频次是成反比的，也就是到达率越高，暴露频次就越低。因此，广告主在制定媒体策略时无法做到两全其美。

如果广告主确定具体到达率之后，便可据此而制订媒体计划，为达到预定的到达率，广告主需要运用多种不同的广告媒体来传递广告信息。一般来说，传递广告信息的媒体种类越多，受众的数量也就越多，到达率也就越高。由此可见，运用大众化传播媒体来传递广告信息是增加到达率的一种有效方式。

相反，如果广告主确定了预计的暴露频次，也可以就此拟定媒体策略。与到达率相反，要实现预定的暴露频次，不一定要运用众多的广告媒体，因为增加暴露频次的目的不仅仅在于扩大产品的知名度，关键在于促使受传者对产品发生兴趣，继而产生渴望心理。假若受众看到或听到足够次数的广告信息（即广告暴露频次达到一定数量），就会自然而然地熟悉产品，进而产生对该产品需求的心理。

从上面可以看出，到达率与暴露频次的概念是各不相同的。到达率主要是强调使多少受众接收到广告信息，而暴露频次则是在使受众反复看到或听到之后发生兴趣，继而产生渴望心理，最后的结局必然是去购买。

（三）连续性

连续性是使广告产生良好效果的重要保证。连续性之所以能成为使广告产生良好效果的重要保证，就在于受众在反复听到或看到某一广告时，必然会牢牢记住广告信息的内容。比如，只要一提起"味道好极了"这句话，大家自然而然就会联想到雀巢咖啡。一旦某个广告信息频繁出现，受众不但会熟谙其中的内容，而且还会由此而记住广告主的名称。正是由于广告的连续性才保证了广告信息对受众产生叠加效果。

要确保广告信息的连续性，就需要有相应的媒体计划作为后盾。在实际运作过程中，广告主都是通过受众对广告信息所做出的反应来发起一次又一次广告战的。但应注意及时吸取经验教训，并及时对媒体计划和媒体策略加以修正，以免重蹈覆辙。

（四）控制

广告主若要达到控制广告的目的，就必须采取这种扩大广告效果的手段。当然，为达到扩大效果，继而控制广告环境的目的，广告主就需要为之付出大量经费。在广告预算中，用于控制的经费越多，就意味着用于实现到达率、暴露频次及保证广告连续性的经费数额越少。

总之，媒体策略要受到以上4个因素的影响与制约。因此，在对媒体计划做出决定之前，先要就媒体策略做出相应的决定。只有确定了内容周详、切合实际的媒体策略，才有可能将广告媒体计划付诸实施。

# 第三节　媒体技巧的运用

媒体技巧即为媒体计划的实施方式。要贯彻实施媒体计划，首先就要对选用何种广告媒体做出决定。在选定广告媒体之后，广告排期便随之提上了议事日程。广告排期主要有以下几种方式：

## 一、稳定排期法

稳定排期法的关键在于重复某一广告信息。为了能加深消费者对新产品的印象，广告主会不厌其烦地重复传播这一产品的广告信息，正是由于如此反复传播某一广告信息，才使得广告信息的暴露次数能够达到较高的水平。但是，要长时间地重复刊播广告，就需要广告主为之付出大量的广告费用。不仅如此，为了保证广告效果，广告主还要注意经常变换广告信息的内容，避免使消费者对长期传播的广告信息产生厌倦甚至是逆反心理。

## 二、选择排期法

由于稳定排期法不仅要求广告主投入大量的广告费用，而且还要求不断变换广告信息的内容，因此广告主感到难以做到两全其美。为此，广告主希望能够找到一种每隔几天或间隔一段时间刊播一次广告信息的广告排期方式。于是选择排期法便应运而生。依据形式的不同，选择排期法又可细分为两种：

（一）均匀法

均匀法就是均匀地安排广告的排期。确切地说，均匀法即每隔一段固定的时间便刊播一次广告信息。广告主之所以要采用均匀法，其目的在于在保持广告连续性的前提下，不至于使受众因为常接触同一广告而产生厌烦心理。均匀法虽可为广告主节省一定数量的广告经费，但间隔时间的长短主要取决于广告费的多少及安排使用情况。均匀法具有一个极其显著的特点，即每一次刊播的广告，无论是在规模上还是在时间长短上，均采用同一标准，彼此之间不存在差异。

（二）交错法

与均匀法相比，交错法既有相同之处，也有不同之处。相同之处在于，两者都是每隔一定的时间刊播一次广告信息；不同之处则在于，交错法无论是在广告规模还是在广告时间长短上都是呈递增之势，只是每隔一段时间便会出现一次周期性循环变化。

**三、脉动排期法**

脉动排期法实际上是稳定排期法与选择排期法的综合体。它的具体表现形式是，广告主在3~4周内稳定地刊播广告信息，而后偃旗息鼓3~4周，此后再掀起一个高潮，如此循环往复。由于这种方式在图形表示上呈脉动状态，故名脉动排期法。脉动排期法的最大好处在于可以使广告主花费较少的广告费用即可取得较好的广告效果。

由此可见，脉动排期法的作用就是利用连续不断的广告支持作为先决条件，再辅之以间隔出现的广告信息，从而利用不断增强、加深消费者对广告信息印象的方式来使广告产生良好效果。

**四、季节排期法**

某些广告主由于自身产品所具有的季节特性，不得不考虑在适合产品销售的季节安排广告排期。例如冰淇淋生产企业在安排广告排期时就必须错开冬季；而服装生产企业在安排广告排期时也会尽可能地考虑适于穿着某一种（或某一款）服装的特定季节，并以此为依据来安排广告排期。

**五、逐步递增排期法**

逐步递增排期法也叫媒体进度依需渐次加强法，这种排期法目前主要用于新商店、新产品或是任何希望能够引起受众注意的新事物。逐步递增排期法能够引起受众注意的原因在于，它是利用逐步递增的方式来不断扩大广告规模，不断增加受众对广告信息的累加效应，随着广告规模而不断加深印象。但广告主要注意的是，在采用这种方式安排广告排期时，切忌将整个周期时间拉得过长，以免广告攻势尚未接近尾声，受众就先对广告信息的内容产生厌恶心理。

### 六、逐步递减排期法

逐步递减排期法也叫媒体进度先多后少法。同逐步递增排期法截然相反，逐步递减排期法广告攻势的重头戏安排在广告投放的初始阶段，而后逐渐降低广告暴露频次，直至最后完全消失。这种排期法是为了迎合某些受众心理而设计的。广告主在实施逐步递减排期法时，通常都是先对受众发起"闪电式"广告攻势，而后逐步降低广告攻势规模。在认真评估广告效果后，广告主考虑是否再掀起新一轮攻势或选用其他排期方式。

广告主或广告代理在对以上各种因素加以认真考虑、妥善处理之后便可制定出详细的媒体排期及确定所要购买的媒体类型。在排定六个月媒体计划（表9-1）之后，广告主便可分步骤地制定广告信息在各种广告媒体方面的排期表。

表 9-1 **6 个月媒体计划表**

| 6 个月媒体计划 | | | | | | | |
|---|---|---|---|---|---|---|---|
| | 报纸 | 杂志 | 广播 | 电视 | 户外广告 | 直邮 | 交通广告 |
| 1 月 | × | | × | × | | | |
| 2 月 | × | | × | | | | |
| 3 月 | × | | × | × | | × | × |
| 4 月 | × | × | × | | × | × | × |
| 5 月 | × | × | × | | | × | |
| 6 月 | × | | × | × | | | × |

按照广告预算安排，假如 2 月份的广告预算额为 40 万元，那么广告主就要按照 40 万元的标准来尽可能地安排广告排期。内容详尽的广告排期表，不仅可以起到计划指导作用，而且还有助于广告主购买媒体决定的作出。若该广告主决定在全国范围内开展广告宣传，购买媒体便由此而成为一项重要工作。由于媒体计划要求覆盖面广，故而广告主要同许多媒体机构进行接触之后才能最后敲定所要购买的媒体，其中的工作难度是可想而知的。如果广告主不想为此而浪费时间，也可委托专业服务机构代为办理，但广告主要做好选定结构的核查。

具体的排期方式与广告信息播出时间见图 9-1。

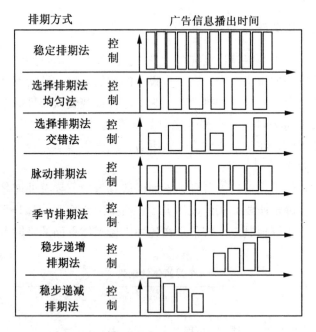

图 9-1   排期方式与广告信息播出时间图

## 第四节   确定有效暴露频次

媒体策略的基本考虑有三方面的内容：广告对象、广告次数和广告时间。这三者转化到媒体指标上，即是到达率、暴露频次以及持续性的确定。在确定媒体预算条件下，这三个变项如有一个增加即会迫使其他的减少。有些学者提出，暴露频次最能左右广告效果，建议媒体计划应以此变项为中心去考虑。

我们知道，暴露频次是指在一段时间内某一广告暴露于目标消费者的平均次数。受众接触广告次数的多少，与他们对广告产品产生的反应有着直接的关系。广告次数过少，未能超过受众的感觉阈限，广告就没有效果；广告次数过多，不但浪费，而且还会引起消费者的厌烦情绪。下面假设某受众在不同广告频次下的反应：

第一次广告出现——她没注意；

第二次广告出现——"又一个新牌子"；

第三次广告出现——"它到底有什么好？"

第四次广告出现——"让我再仔细看看"；

第五次广告出现——"有道理"；

第六次广告出现——"我有点心动了"；

第七次广告出现——"我真应该有一个"；

第八次广告出现——"明天得去买一个试试"。

消费者对频次的反应，当然不会完全机械地按照上述情况发展，但它基本上反映了消费者从接触广告到最终产生购买行为通常所经历的层级反应过程，即所谓从知名、理解，到喜欢、偏好，最后产生购买。由此可见，购买的促成有赖于广告频次的累积。

那么，对一个品牌来说，究竟多大程度的广告量才算适当？这就引出了一个"有效暴露频次"（简称 EF）的问题。

在理论上，有关有效暴露频次的问题争论已久，至今尚无定论。主要原因是影响它的变量实在太多。传统的看法是以三次为有效频次底限。这源于 Krugman 博士在 1972 年提出的"三打理论"。他认为，人们普遍相信的"广告需要不断强化才能防止受众忘却"的观点是片面的，广告不断暴露并不如广告最初发布的 2~3 次有效。他的核心观点是：消费者第一次看广告时知道是什么产品，第二次看广告时了解产品的特征，第三次接触时对产品是否符合自己的需求就可以明确了解，以后再看多少次，其效果都是一样的。第三次就是 Krugman 博士认为达到了的"饱和点"。

事实上，不同的品类、市场、竞争、媒体环境及创意等，皆会影响它的界定。例如，竞争激烈的品类比竞争缓和的品类所需要的有效频次当然要高。

在某年的 R 牌牙刷（这里隐去其真实品牌名）媒体计划中，确定它的有效暴露频次为 5.3。让我们看看它是如何得来的。

代理 R 牌牙刷广告业务的某著名广告公司从三个方面来考虑，即营销因素、创意因素和媒体因素。这也是国际 4A 公司的普遍做法。

营销因素有：

□品类生命周期状态——已建立的还是新的？

□忠诚度——高还是低？

□购买周期——长还是短？

□使用周期——长还是短？

□竞争压力——没有还是激烈？

□品类关心度——高还是低？

□信息沟通复杂度——简单还是复杂？

□差别度（创意冲击力）——独特还是普遍？

□广告运动形态——持续中的还是新发展的？

□销售立场——产品导向还是品牌导向？

□广告协同度（创意版本数量）——单个的还是许多的？

□广告回想率——高还是低？

□创意单位大小——显要的还是碎小的？

媒体因素有：

□媒体干扰度——干扰度低还是干扰度高？

□媒体侵入性（或称媒体注目度）——高的还是隐蔽的？

□媒体排期——持续的还是脉动的？

□媒体间的分散度——集中的还是分散的？

□媒体工具的重复使用度——重复暴露还是单个暴露？

前者的答案倾向于采用低有效暴露频次，后者的答案倾向于采用高有效暴露频次。

而把这些定性分析的结构量化，关键是设定量化指标。在这个问题上，不同公司有不同的习惯约定，在不同品类上，也有所不同。这主要靠经验的积累和判断。

R 牌牙刷有效广告暴露频次 5.3 次的得出，是基于把评分级别设定为 1~10 的结果。对每一因素进行评析打分，最后把三大类共 19 项指标的得分进行平均计算。

R 牌作为牙刷，使用频率肯定算是高的，故在这项上打 9 分（次）；R 牌的广告诉求信息直接明了，在这项上打 3 分（次）；R 牌使用的媒体工具重复性高，故在这项上打 3 分（次）。

在量化指标的设立和评定上，还要注意以下几点：

（1）营销、创意、媒体是相对稳定的三个方面。但属下的各种因素视品类的不同，应有所变化。也就是说，上述对牙刷的频次影响有意义的因素，并非对其他品牌也有意义。因此，在运用上必须先辨认影响因素项目。

□品牌形象（营销因素）：形象较鲜明的品牌，需要的频次低一些，形象不突出的品牌则需要较高频次的支持。

□目标市场阶层（营销因素）：不同的对象阶层（心理状况及生活状况等方面的差异），受频次影响的效果不同。例如，儿童的好奇心强，广告频次相对可低一些。

□广告角色或称广告目的（创意因素）：如广告目的是要提高"提示知名度"，其所需频次要比提高"不提示知名度"来得高，"告知性"广告比"说服性"广告所需频次要低一些。

□媒体编辑环境（媒体因素）：如广告投放于与品类、品牌或创意相关的媒体编辑环境下，便占有较高兴趣与注目的优势，因此频次可低一些；反之，则要高一些。

总之，要确定一个理想的广告暴露频次是极为困难的。怪不得有一著名跨国广告公司在培训教材中醒目地列出"媒体计划不是科学"，"媒体是一种艺术，但要以科学的原则处理之"的提示。

（2）实际上，各影响因子对所需频次的影响并非等值，在必要时，可采用加权处理的计算方式，赋予各影响因子不同的权重，这样可使结果更精确。

（3）必须注意到媒体计划传送的频次与消费者实际接触到的频次之间存在的落差。错把两者等同，将造成严重的媒体传送不足。

# 第十章　媒体预算

有效运用广告的第一步，就是收集资料为广告企划打基础，然后分析问题并且决定广告的策略。这两步工作完成后，就可以进行第三步——决定要花多少钱去达到最终的目的。虽然并不是所有广告人员都会直接涉及这项工作，但能知道广告费用如何分配对目标的达成是很有帮助的，如果被问及预算是否适当，或广告公司、媒体广告部想说服客户多花一些广告费，媒体预算知识就显得十分重要了。

## 第一节　适当预算的必要性

预算的时间及其内容决定后，就可以开始计划广告预算了。如何才能避免广告预算过多或过少呢？在讨论不同的预算方法之前，先讨论三个选择：

一是没有预算。仔细地计划广告十分重要，有时候会有些制造商突然决定"这是做广告的时候了"，或者仅是因为媒体推销员来推销就决定要做广告。这种不计划的广告不可能带来什么结果。如果制造商不计划他的广告，很可能会这里花一点，那里花一点，加起来就会成一笔庞大的开销。事实上，这样的广告的确是浪费金钱。为了有效，你的广告必须预先企划。广告企划必须有弹性，以备商业机会出现。广告并不是与公司其他的活动分开的。广告、销售及商品展示必须互相协调，商店的橱窗或物架陈列你做广告的产品时，销售活动必须密切配合。有效的企划广告，销售人员可以事先得到商品的资料并加以注意，这样你未来顾客对商品的兴趣被广告激起了，商店的陈列再给予有效的提醒，然后销售人员便可以完成销售了。如果销售人员忽视广告，销售就会因此丧失，同时会留下坏的印象。譬如你向商店的售货员询问有关广告的商品，如果他完全不知晓，当然你会认为这家商店没有效率。这通常都是由于没有计划及没有控制广告的结果。

二是独断的猜测。凭灵感或主观臆想任意决定一个广告数字和广告费用，很少有成功地完成广告的。广告客户在做广告时通常都经过详细的考虑。你常会听到有人说："根据我 20 年的经验，广告费应为若干。"他真有 20 年的经验吗？当然经验很有价值，但有太多的人将它变为口头禅。我们提到这个的原因是目前仍会碰到少数人采用这个方法。

三是"董事会的决定"。在有些公司，广告经理对广告预算的决定毫无发言权，完全听从董事会的决定。有些时候董事会颇为清楚他们在做什么，但也有时董事会并没有真正的数据作依据，对于董事会决定的广告预算数字，有关的人无法知道是否过多还是过少。

后面两种方法并不是完全不可行，只是有人会被强迫去做一些基本的计划，比如，如何将广告预算分配给不同的产品及不同的媒体。但这两种方法常会造成广告预算过多或过少。

利威尔汉姆爵士曾说过："我花在广告上的钱有一半是浪费的——但问题是我不知道是哪一半！"

你的目标是要使所有的广告费用都能为你创造利润。如果上述三个选择都不能达到这个目标，那还有什么其他的方法？

没有一个单一的最好方法来决定广告金额，一般要取决于环境。对于现有的产品，广告预算的计划可能只是例行计划，而要开始一项新产品，则可能涉及重要的投资。

有许多方法可以用来制定广告预算，各有其优缺点，依公司作业环境的不同也可达到不同程度的成功。

## 一、制定预算的方法

虽然制定广告预算的方法有很多，但可大致归为几类，每类包括许多不同的变化，有时可随手计算出来，有时却必须使用电脑。但无论如何，其基本方法是一样的。下面我们讨论各类基本方法及其优缺点。

### （一）根据上一年销售的百分率

许多广告客户以上一年的销售定下一个百分率作为预算的基础。这个方法的好处是安全，因为你是依已有的销售来花费。但却有两个缺点：第一个缺点是难以决定百分率的大小。有些工业广告客户所花的广告费少于销售的 0.25%，而有些新消费产品的广告可能是售价的 1/4。有些公司可以找到它们行业平均广告费用的统计数字的依据，但其作用并不大，因为这只是一个平均数字。有的公司的花费高于平均数字，有的则低于平均数字，而两者有可能都是正确的。因此这个方法的缺点是难以决定使用何种百分率。第二个缺点是它基于过去而不是将来。若上一年销售不好，则广告费用相对减少。事实上，广告可能是对付销售不佳的方法，因广告可刺激销售。就算是销售不下降，这个方法仍有其弱点。如果市场的成长率是 25%，而销售的增加只有 5%，则每年仍损失了 20% 的销售。同时，这是一个"先有鸡还是先有蛋"的问题，销售的增加是由于广告支出增加，还是广告支出增加是由于销售增加？虽然该方法有其缺点，但有许多组织采用。

（二）根据预计销售的百分率

如果你的目标是增加销售，则这个方法可导致实际的广告预算。但它也与上一种方法有同样的缺点，就是难以决定百分率的数字。它的另一个缺点是未来的销售很难精确地估计，如销售高估则会造成广告费用支出过多。

决定预计销售的过程可分下列三大类：

一是一个人的决定。在许多小公司，所有管理方面的决定都由一个人决定。由于他负责公司所有的活动，因此通常都能把握市场而给予颇为合理的估计。

二是销售与广告部门分开。在有些较大的公司，销售经理负责购买或销售，广告经理负责广告，这在实际运营上会造成相当大的问题。大部分销售经理由于工作的性质使然常有乐观的个性，因此常会无意地高估了销售。但预期的销售无法达到时，广告经理与销售经理就会互相指责，广告经理会说广告不可能创造奇迹，如果销售经理选择差的商品，这不是广告的责任；销售经理则会说如果广告不给予足够的支持，怎么可能销售产品呢？有过多的剩余存货引起管理人员的注意时，"推诿责任"的游戏就开始了，管理人员会申斥销售经理，销售经理则把怒气发到广告经理的头上，并把责任转推到广告代理公司，最后转到媒体推销员身上，于是"证实"媒体没有效用。

三是由市场决定。这也是由一个人决定的，但却与前述的由一个人决定不同，因为市场经理有销售、广告及市场调查各部门负责人给他的报告。销售及广告部门相互推诿责任的问题，使制造商要花更多的时间及精力在正确地估计未来的销售上。

（三）单位百分率法

这个方法用详细的成本分析作为决定广告费的依据，因此克服了上述两种方法难以决定百分率的问题。对产品做一个成本分析：原料、直接生产成本、生产费用及包装等所需各若干。如果这些数字加起来是 35 元/单位产品，卖给零售商是 40 元，则有 5 元利润。你可以将 5 元全做利润，也可以用其中 1 元做广告费，或 2 元做广告费、3 元作为利润……这项成本的分析也可以包括运输费用等，但广告费用则是固定在剩余的利润中，这也就是说售价及其他所有成本是一定的，广告与利润则由剩余的数字决定。采用这种方法，不可能会花费过多的广告费用，因为你知道剩余的利润有多少。

虽然这个方法十分科学，但仍有其缺点。这个方法完全只考虑内部因素，以生产成本为基础，而很少考虑外面的市场因素。同时，单位成本也无法反映情况的变动，如原料价格的变动等。另外还有，生产费用因生产数量的多寡，每单位所分摊的费用也不同。

最后要提到的是所有这些数字都有基本的一点，就是它都含有某种程度的销售估计，也有可能达不到这个销售数字。但一般而言，这个方法能提供准确的销售估计，并在必要时反映成本（使单位成本不至于一直不变），因此能提供一个有用的准绳。

（四）与竞争同业采取相等的数字

另一个决定广告预算的方法是，看竞争的同业花费多少，再决定自己的广告费用。这个方法在进入一个新市场时很有用，因为在这种情形下，竞争同业所花的广告费用可显示出你要传达信息到市场所需的费用。

这个方法的缺点是虽然同业竞争者情况与你很相似，但并不完全相同，他们的产品、市场、行销政策都有不同，因此所产生的问题也不同，同时很难找出同业广告费用的准确数字。出版类广告支出可以计算至相当准确的程度，只需对照出版者的价目表就行了，或者在调查机构出版的数字中找到同业的广告支出数字就可以了。电视广告支出也可以同样查得，但其他的媒体如网络广告、海报、直接邮寄或商品展示则很难查得同业广告数字活动的支出。就算是能取得这些资料，也不能保证同业的广告数字是正确的。一位广告经理曾经说过，若依据同业的广告数字决定广告支出，就像考试抄袭邻座的答案，既看不清楚，也不能保证他是对的。这个方法还有一个缺点就是，市场的趋势多少会影响同业的销售，因此可能会使广告支出增加，而迫使新的制造商也增加广告预算。

## 二、广告分配

前面已经提到过广告的预算可用多种方法决定，一方面可参考同业的数字，另一方面可考虑自己的销售。这里要讨论的方法是考虑产品销售所占的市场比例与广告所占的比例相等吗？

分析这项结果可得到一些很令人感兴趣的资料。譬如产品的平均广告与销售比率，你是否比同业在广告方面工作得更努力，更重要的是这个结果对产品销售的影响。公司若增加广告所占的比例，则市场所占的比例也会增加，反之亦然。

这项广告与市场分配的研究也可延伸到所谓"变动区别"的观察，就是两年间销售比例差异与广告分配差异的比。

这个方法除了与前述方法有相同的缺点外，还无法证实增加广告支出会导致销售增加。就算销售增加与广告增加有关，但增加的数量究竟有多大，每个公司的情况都会不同。

（一）边际利润法

前面的几种方法都有一个共同点，就是都问："我们共花多少广告费？"边际利润法则是问："我们应再花多少广告费？"这个方法将注意力由广告总支出转移到一次又一次的支出，也就是增加的广告支出应由其增加的销售来平衡。这个方法是单位百分率法的延伸，它仔细估计每次增加广告支出所造成的结果。譬如，有一制造商每售出一单位产品可得利润 10 元，因此，1 000 元的广告费用，必须至少多卖出 100 个单位才够平衡，如果只能多卖 50 个单位，则损失 500 元。如果你能将销售与广告如此联系，则此法十分有用。不过要记住的是，广告的内容会明显地影响它的效用。你的广告费只是买了一个空白的空间，如果你没有有效地利用这个空间，就不应该指责媒体没有发挥增加销售的效用。有些广告客户很幸运，有直接的结果可以评估，因此可用延伸的边际利润法来比较不同的内容或媒体的效用，也可以比较是较多的广告费用还是较少的广告费用较划得来，是每周一次还是每月一次广告所造成的结果较划得来。很明显，这个方法只适用于能由广告得到直接结果的情形。许多广告客户无法建立如此直接的联系，因此就必须寻求其他的方法来确定他们的广告预算。

（二）目标总额法

这个方法采用的基础与上述各法完全不同，它的基本问题是"它需花费多少广告费"，而不是"我们应花多少广告费"。

这个方法是由媒体所有者的价目表倒算回来的。譬如，如果你决定为了要达到某个程度的销售，必须每星期在一些刊物上刊登半页大小的广告，于是你的广告预算可由每次广告的成本乘以广告的数量而算出。如果每周广告成本是 1 万元，则一年的广告预算就是 52 万元加上生产成本。

这个方法的好处是考虑到了广告的成本，这是前几个方法忽略的地方。采用前几个方法的缺点是，万一媒体的成本增加了 10%，则必须减少 10% 的广告空间，因为广告预算并不是依照实际媒体成本制定的。

目标总额法的缺点是由谁来决定广告的大小、位置、次数以及媒体是否恰当。这个方法会有"过分"的危险，大部分广告客户当然都希望在每日的报纸上做头版彩色全幅的广告，或者播出大量的电视、网络及电台广告，或挨户递送广告册页等，但若这样则公司的钱全部都将花费在广告上了。如果你能合理地决定广告的分量，则这可算是决定广告预算的一个好方法。

（三）混合法

虽然我们前面曾警告过不要随便用经验作借口来制定预算，但若真的应用经验则十分有用。可以用经验评估整个市场的情况，然后在计算的范围内决定一个广告预算的数字。譬如，广告经理可能考虑到经济不景气，消费者没有太多的现金可花用，这些现象显示较高的广告预算是必需的；但另一方面，公司的产品与价格都很好，而同业竞争者的销售力量又较弱，因此在考虑这些强弱情况后，广告预算可以较最初显示的要低。依据自己公司的特殊情况而做决定时，个人的经验就非常有价值了。当然上一年度的广告结果也应在考虑之列，因此，广告政策成为一个"循环"过程：上一年度的广告结果是下一年度广告预算的基础，而下一年度的广告预算又必须反映下一年度的需要。

这个"循环"的过程又会被两个较后来的步骤所影响：创作及媒体购买。决定广告预算是一回事，如何使用并花费完又是另一回事了。

你的创作计划有多强？一个强而有力的计划相较一个弱的创作计划可花费较少的广告支出。

同样重要的是如何有效地花用广告费。一个好的媒体购买者可以用同样的钱购买较多的广告，或以较少的钱购买同样数量的广告。

现在使用的各种不同的制定预算的方法各有很大的差异，也各有各的拥护者。在此叙述得可能过于简单，但这是几个可供你选择的主要方法。事实上，任何这些方法都比没有根据的乱猜要好，它可导致计划广告而使广告达到更有效的应用。

### 三、长期广告预算

最后必须提到的是长期广告预算。前面所提到的各种方法都是每年的预算，但由会计实务上来看，每年的广告预算不够真实，因此许多公司现在采取长期的广告预算。开始一个新产品时，它们都知道不可能在一年内就有利润，因此长期的展望就很重要了，因为公司总是计划长期经营。同样，行销计划就必须取决于估计获取市场所需的时间。通常第一年总是会有亏损的，第二年扯平，第三年的利润用来补足第一年的亏损，因此要到第四年才会有真正的利润。第一年的亏损在计划之内，因此当年的预算被认为是投资而由以后的销售来弥补。有些传统的会计人员拒绝接受将广告视为投资的观念，因为广告不是可供出售的有形资产。但机器也不是用来供销售的，而是生产用的，因此广告也应视为有同样的性质。由于会计人员有资产折旧的观念，因此很难接受广告就是投资的概念。

长期的预算可认为是支付计划，最简单的说明就是公司计算出两个现金的流动率——金钱的付出率与收入率。如果付出率快于收入率时就会有困难了。因此，公司必须计算出需要多少资金才能维持利润出现。这时以市场为主的会计人员就能提供有价值的贡献了。

本章开始时曾提到广告预算的制定是管理方面的决定，而广告与市场人员必须学会接受这个数字。为了利用某些特殊的价格，常会有要求增加广告预算的倾向。这种倾向应避免，因为预算是在慎重考虑后决定的。就算是你准备提出增加广告支出的要求，董事会也不一定会在短期内开会，而且他们也不见得会对这个特殊的要求那么热衷。这类意外的准备基金将在以后讨论，不过这与整个公司的主要决策完全是两回事。如果经济情形的转变使公司的整个行销计划不再有用，那么董事会会全盘重新考虑新的情况以及所有商业活动，如生产准备、价格、广告等。

## 第二节　媒体预算的制定

广告界有一句名言："我知道我的广告预算中50%是被浪费掉的，但我不知道是哪50%。"

### 一、广告投资销售与利润的关系

商业的本质是以较少投资换取较大利润，广告投资也是希望造成销售或利润的增长。因此，在制定媒体预算之前必须先认识到广告投资、销售与利润之间的复杂关系。

（1）广告与销售成正相关，但相关性递减。广告促使消费者产生购买动机，并提高品牌被选择的机会，因此能促进商品销售的提升。但是每单位的广告投入对销售的产出将随投资的提升递减，即投入第一个100万元、第二个100万元、第三个100万元，对销售的产出并不等值，从而形成递减的趋势。

（2）品牌在广告投入较少，且拥有较大回收的阶段，所获得的利润较高。当广告继续投资，但销售并未成等比率上升时，销售量虽然提高，但利润则渐渐下降。

（3）销售在达到一定极限后即不再成长（即市场占有率不可能到达100%），广告继续投资，终将使利润下降到亏本的程度，因此占有率最高的品牌并不必然是利润最高的品牌，利润最高的品牌也通常并非占有率最高的品牌。

（4）广告对销售的影响程度会因不同的品类或品牌而有所不同。

### 二、媒体预算制定的角度

媒体预算占有广告费用的大宗，因此在媒体作业中，媒体人员必须为品牌制定合理的媒体预算。在媒体预算的设定中，存在两种不同的角度。

（1）行销角度。主要的观点是媒体为行销的一环，媒体投资的终极目标为行销任务的达成，因此媒体预算仍应属于行销预算的一部分，即使媒体预算可能占行销费用相当高的比例，仍然必须从行销的角度加以制定，因此广告公司的媒体预算一般由广告主告知。

优点：由行销层面加以制定，符合行销需求，在预算上较不至于偏离行销现实。

缺点：根据行销及销售制定的广告预算，可能忽略媒体竞争环境及传播所需。

（2）媒体投资角度。媒体投资角度在品牌所处市场环境以及被赋予的传播任务的前提下，根据品牌传播的需求以及媒体环境的状况，制定媒体投资额度，以确保传播功能的发挥，达成品牌所赋予的传播任务。媒体预算一般由广告公司主动提出。

优点：根据传播效果的需求制定，比较可以确保传播产出。

缺点：可能忽略销售与利润的现实层面。

比较完整的做法是整合以上两种方法，以确认品牌的媒体投资，即根据行销目的与策略、传播所负任务，同时评估媒体环境，提出品牌所需媒体的花费，再根据销售现实加以调整。以下所介绍的方式将从这一角度出发。

### 三、制定媒体预算的方法

媒体预算的制定，使用的方法主要有以下三种：

（一）媒体投资占有率/市场占有率（即 SOV/SOM）

从与市场占有率相对应的角度去制定媒体投资占有率，然后计算出所需预算。

SOV（Share of Voice）：媒体投资占有率（品牌投资额/品类投资额）。

SOM（Share of Market）：市场占有率（品牌销售量/品类销售量）。

基本假设为：

（1）媒体投资占有率与市场占有率成正相关，即媒体投资占有率越高，其市场占有率将随之越高。

（2）各品牌在行销上的条件大致相当，即各品牌在产品力、包装、铺货率、价格等因素上没有太大差距。

（3）各品牌在媒体预算运用效率上大致相等，各品牌的每单位媒体投资额对销售产出的贡献大约相同。

（4）各品牌在 A&P 运用比率上没有显著差异，品牌对于整体促销费用的运用手法及预算大约相等。

A&P（Advertising & Promotion）比率：A&P 为所有广告与促销活动的预算，A&P 比率指广告与促销活动在预算分配上所占的比率。品牌因行销策略的差异，在 A&P 预算的运用上将会有比率的不同，有些品牌以广告为主要促销手段，有些品牌则以促销活动为主。

运算公式为：$X/(A+X)：B=C$

A 值：竞争品牌媒体投资量。

A 值可以通过竞争品牌投资分析，预估既有品牌媒体投资成长率，加上媒体涨价的因素，以及新品牌的加入，推估出整体竞争品牌在预算制定期间的媒体投资量。

B 值：广告主所设定的品牌占有率目标。

C 值：根据品牌所处环境所制定的调整比值。

X 值：所需媒体预算。

在前述 A 值、B 值、C 值固定后，即可计算出 X 值，即品牌所需的媒体预算。

A 值可以根据竞争品牌分析加以推算，B 值则由广告主提供，因此作业的重点为 C 值的设定。在 C 值设定上必须考虑以下的因素（表10-1）：

表 10-1　　　　　　　　　　　　C 值设定比值影响因素表

| 考虑因素 | 影响内容 | + | − |
|---|---|---|---|
| 新品牌/即有品牌 | 新品牌需要较高比值；旧品牌所需比值较低 | | |
| 品牌占有率 | 品牌占有率较高，需要比值较低；品牌占有率较低，需要比值较高 | | |
| 品牌企图 | 品牌设定的占有率成长目标越高（攻击型策略），需要越高比值；品牌设定的占有率成长目标越低（防守型策略），需要越低比值 | | |
| 品牌目前形象地位 | 品牌地位与形象较佳，需要较低比值；品牌形象尚未建立，需要较高比值 | | |
| 竞争品牌状况（品牌数量，有无垄断性品牌） | 竞争品牌数量越多，消费者选择越分歧，越需要较高比值；市场上存在垄断性品牌，需要比值也较高；如本品牌为垄断性品牌，则比值较低 | | |
| 品牌忠诚度 | 攻击型行销策略在忠诚度较高的品类，需要较高比值，在忠诚度较低的品类，需要较低比值；相反，防守型策略面对忠诚度较高品类需要较低比值，面对忠诚度较低品类需要较高比值 | | |
| 购买周期 | 商品购买周期较长，需要较低比值；商品购买周期较短，需要较高比值 | | |
| 广告对销售影响度 | 销售起伏受广告强烈影响的品类需要较高比值；较不受影响的品类，需要较低比值 | | |

根据上述比值影响因素，评估本品牌在各因素上的状况，以 1 为起始点，利用 +或−方式得出品牌所需比值，比值的一般值在 0.6 到 1.8（表10-2）。

SOV/SOM 的预算制定方式，主要是以竞争为导向，因此竞争品牌的媒体投资量将严重影响预算的制定，在竞争品牌广告量的预算上，必须特别注意竞争范围的定义。

表 10-2 媒体预算的制定

| A 值 | 6 463 000 |
|---|---|
| B 值 | 25% |
| C 值 | X 值 |
| 0.80 | 16 157 500 |
| 0.85 | 17 439 841 |
| 0.90 | 18 763 548 |
| 0.95 | 20 130 656 |
| 1.00 | 21 543 333 |
| 1.05 | 23 003 898 |
| 1.10 | 24 514 826 |
| 1.15 | 26 078 772 |
| 1.20 | 27 698 571 |

表 10-3 SOV vs SOM 方式的优缺点

| 优　　点 | 缺　　点 |
|---|---|
| 反映行销企图，与行销联结性强 | 较忽略传播需要上的考虑 |
| 竞争导向操作，在竞争程度上作用较强 | 在品类投资不足或过度投资时，可能受其影响导致预算不足或过度 |
| 可以借由此比值的改变，灵活调整预算 | 忽略创意及媒体策略对效果的影响 |
| 操作简单 | 在行销及 A&P 的比率的假设上可能产生误差 |

　　一般来说，竞争者为相同品类中具有取代作用的品牌，即如果 A 与 B 都可以满足消费者同样的需求欲望，则 A 与 B 互为竞争品牌。但品牌的归类应该从消费者归类的角度出发。以品类扩张为目标的品牌，可以将竞争者确定为欲取代品类中的主要品牌；以防御策略为主的品牌，则主要以本品类中的直接竞争品牌为竞争者。

　　（二）GRP 方式

　　该方式是根据消费者对广告信息认知所需要的媒体传播量，再将传播量换算成金额，得出媒体所需预算。GRP 方式的基本假设如下：

　　（1）通过媒体使消费者对广告信息产生认知。

（2）消费者因对信息的认知产生品牌的知名度。

（3）知名度使品牌进入消费者选择名单。

（4）消费者选择的结果造成品牌销售与市场占有。

具体操作方式如下：

（1）根据前面"到达与接触频率"中所述的行销因素、创意因素及媒体因素，设定年度所有广告活动中所需的有效频率。

不同的广告活动，在有效频率的设定上会有所差异，因此以年度为预算设定时间时，必须考虑年度中各广告活动有效频率需要的差异。

（2）依品牌所需制定各广告活动的有效到达率。品牌对有效到达率的需求，基本上根据品牌市场占有率目标加以放大（如前述完全认知品牌广告信息与实际购买之间仍存在一定的落差），放大的比率可以根据品牌过去有效到达率对销售的产出投资经验或广告追踪调查中的媒体到达率与购买意愿的比率加以设定。

（3）根据对象阶层媒体接触习性及收视率资料，得出获致设定有效到达率所需的 GRP。

各商品所设定对象阶层的媒体接触习性不同，将影响 GRP 对有效到达率的产出。一般来说，对象阶层的媒体接触率较高，则 GRP 对有效到达率的产出也较高，即 GRP 在较低水平时可产出较高的有效到达率。GRP 对有效到达率产出的数据，可以运用"到达率与接触频率"中所提出的方式取得（表 10-4）。

表 10-4　　　　　　　　　　**GRP 与有效到达率表**

| 累积 GRP | 到达率 | 接触频率 | 累积接触频率分布 | | | | | |
|---|---|---|---|---|---|---|---|---|
| | | | 1+ | 2+ | 4+ | 6+ | 8+ | 10+ |
| 101.2 | 38.9 | 2.6 | 39 | 39 | 11 | 0 | 0 | 0 |
| 199.3 | 55.4 | 3.6 | 56 | 60 | 19 | 10 | 4 | 0 |
| 315.3 | 65.7 | 4.8 | 66 | 61 | 40 | 23 | 10 | 6 |
| 401.1 | 66.9 | 6.0 | 67 | 66 | 49 | 34 | 19 | 10 |
| 509.7 | 71.8 | 7.1 | 72 | 68 | 56 | 45 | 28 | 18 |
| 606.5 | 75.8 | 8.0 | 76 | 73 | 60 | 49 | 38 | 26 |
| 707.6 | 77.8 | 9.1 | 78 | 75 | 64 | 53 | 45 | 33 |
| 803.7 | 80.4 | 10.0 | 80 | 76 | 67 | 56 | 49 | 40 |
| 909.8 | 82.7 | 11.0 | 82 | 82 | 71 | 60 | 53 | 44 |

（4）根据各市场媒体价格与收视率，计算出每百分点收视率的购买成本

（CPRP）。计算方法为以各市场在实际作业中所能够买到的价格除以档次的对象阶层平均收视率。

（5）以 CPRP 乘以 GRP 方式得出所需媒体预算。

列出各市场各广告活动全年所需 GRP。

以各市场 CGRP 乘以所需 GRP 得出各市场所需预算。

加总各市场预算即为全国所需预算。

在 GRP 方式的运用中，为考虑与竞争品牌比重相适应，必须将投资较大和市场占有率较大的品牌比重列为 GRP 制定时要参考的因素（表 10-5）。

表 10-5　　　　　　　　　　　**GRP 方式的优点与缺点**

| 优　　　点 | 缺　　　点 |
| --- | --- |
| 以传播效果导向操作，可以确保传播效果的达成<br>主要依据品牌经验、调查与收视资讯，较为客观，准确度也较高 | 可能偏离行销层面，主要以传播效果为出发点，较不顾及行销上的因素<br>较忽略竞争品牌<br>较忽略销售现实，可能造成各市场投资比率偏离销售比率 |

**（三）媒体投资对销售比值**

媒体投资对销售比值的投资方式为完全从销售的产出制定各市场的媒体投资预算。　·

基本的立论为：将个别市场视为单一市场，当某市场可以产出较佳的销售时，即代表该市场具有开发潜力；反之，当某市场的销售产出不佳时，即代表该市场潜力有限。因此，各市场的媒体预算应该根据该市场的销售产出制定。

具体操作方式如下：

（1）以各市场整体品类的销售量除以各市场媒体投资额，得出市场的投资比值（假设为 A）。

（2）以同样方式得出各市场销售最佳的前 5 个品牌（或前 10 个品牌）的比值（假设为 B）。

（3）依品牌在策略上的积极或消极，在 A 与 B 之间设定品牌投资比值。

（4）以品牌在各市场销售目标乘以各市场所设定比值，得出各市场的媒体预算。

（5）加总各市场预算成全面所需预算。

媒体投资对销售比值的优缺点见表 10-6。

表 10-6                    媒体投资对销售比值的优缺点

| 优　　点 | 缺　　点 |
| --- | --- |
| 操作简单 | 缺乏行销面考虑，忽略各市场行销条件的差异 |
| 符合企业动作营销基本原则 | 可能丧失市场开发机会 |
| 符合各市场的营销绩效 | 欠缺主导性，以反应方式制定预算，较为被动 |

（四）预算制定的组合方式

上述的三种预算制定方式，各有其优点与不足，为完整地考虑各层面因素，必须将三种方式所制定出的预算加以整合。整合的方式为：

（1）以 SOV/SOM 方式从竞争角度得出预算 X。

（2）以 GRP 方式从传播效果角度得出预算 Y。

（3）检查 X 与 Y 的差异，并作必要调整。

（4）再以媒体投资对销售比值方式从销售角度得出预算 Z，以检查预算的实际可行性。

（5）作最后调整，并制定合理的预算区间。

# 附录一　媒体专有名词解释

1. 发行量稽核机构：由广告主、广告公司及媒体单位合组而成的机构，针对印刷媒体发行量进行严格稽核，认明该刊物发行量。

2. 发行量：在印刷媒体印刷量中，每期实际发行到读者手中的份数。

3. 付费发行量：刊物发行量中，属于读者付费取得刊物的发行量。

4. 赠阅发行量：刊物发行量中，属于赠阅或其他免费方式取得刊物的发行量。

5. 传阅率：印刷媒体中，平均每份刊物被传阅的次数，即阅读人口除以发行量。

6. 阅读人口：刊物的每期总接触人口，包括通过订阅、零购或传阅等任何方式接触刊物的人口。

7. 传阅阅读人口：以传阅方式接触刊物的阅读人口。

8. 接触人口/接触户数：指暴露于一个媒体载具或媒体排期的重叠性人口数或家庭数暴露次数。

9. 时段家庭开机率：在特定时段内，所有收看任何电视节目的家庭数占总家庭数的比例。

10. 时段个人开机率：在特定时间内，所有收看任何电视节目的人口占总人口的比例。

11. 档次：电波媒体中，广告出现在任何载具中，称为档次。

12. 刊载：印刷媒体中，广告出现在任何载具中，称为刊载。

13. 购买代理商：在服务同一广告主的代理商中，为其他代理商购买媒体的代理商。

14. 集中购买：使用多家代理商的广告主，将媒体购买委托一家代理商进行，称为集中购买。负责购买的代理商不一定是负责创意的代理商之一。

15. 提示知名度：在经提示的情况下，可以记忆品牌或广告信息的消费者所占所有消费者的比例。

16. 未提示知名度：在未经提示的情况下，可以主动记忆的品牌或广告信息的消费者占所有消费者的比例。

17. 第一提及知名度：在未经提示的情况下，主动记忆且第一提及某品牌或广告的消费者占所有消费者的比例。

18. 视听众：暴露于媒体的人口。

19. 视听众组成：一个媒体载具的视听众在统计变项上的组成状况，即年龄、收入及教育程度等的分布状况。

20. 视听众流向：电波媒体中视听众随时间在频道之间转移的状况，通常以时间或节目为计量单位。

21. 视听众特性：媒体载具接触人口的统计变项特性。

22. 平均接触率：暴露于一个媒体排期计划的家庭或个人当中，每家庭或每个人的平均暴露次数。

23. 标版：在节目赞助作业中，节目的开始、结束或节目中用以宣示赞助广告主的片段。

24. 出血广告：在印刷广告中，广告印刷超出刊物印刷安全框，而以全版印刷，未留边框。出血广告的收费通常高出一般广告。

25. 品牌发展指数：品牌在一个地区的销售占总销售的比率除以该地区的人口占总人口的比率，用于评估品牌在该地区的相对发展状况。

26. 品类发展指数：品类在一个地区的销售占总销售的比率除以该地区的人口占总人口的比率，用以评估品类在该地区的相对发展状况。

27. 有线电视：以天线将信号接收后再以有线方式传给用户的电视系统。在经营上分为系统经营者和频道经营者。

28. 系统经营者：指拥有信号传送线路系统，将信号接收后传送给用户的有线电视经营者。国内所说的有线电视大部分指系统经营者。

29. 频道经营者：指制作节目然后以整个频道方式贩卖给系统经营者的节目提供商，如 CNN、ESPN、HBO、WOWO 等。

30. 付费频道：有线电视频道中，在基本频道外，用户必须个别付费的频道。

31. 计次付费观看：有线电视频道中，播映节目由观众节目单中指定，收费则以每次播出计费。

32. 刊例价：指媒体单位所发行的刊例上的媒体广告收费定价。

33. 现金折扣：媒体单位对于支付现金的广告所提供的折扣优惠。

34. 跨页广告：印刷媒体上以面对面两页连接的方式刊载的广告。

35. 中跨页：跨页广告出现在刊物的中间互为对页的版位，特别是指用骑马钉装订的杂志中以这一方式刊载的广告。中跨页的版位可以避免创意画因装订而受到切割，因此价格通常较高。

36. 报眼：报纸版面中，出现在报头左右或上下的小块版面。

37. 小全页：印刷媒体中，以对角线缩小方式将全版缩为相当于全版 3/4 的版面。小全页的优点为具有大版面的创意表现空间，且可以避免因整页广告而被读者在阅读时跳过的情况。

38. 广告干扰度：媒体载具中，广告版面段落长度占载具本身内容的比率。

39. 广告段落：电波媒体中，节目中止而出现广告的时段。

40. 广告佣金：广告主支付给广告代理商，以投放媒体金额的百分比计算的酬劳。一般惯例为含佣价的 15% 或降佣外（Net Rate）的 17.65%。

41. 连续式：媒体行程模式中，全程采取平均分配，且未曾出现消费者察觉广告中断的情况的媒体露出模式。

42. 栏栅式：媒体行程模式中，某段时间出现、某段时间中止的广告露出模式。亦称间歇式或跳跃式。

43. 脉式：媒体行程模式中，全程持续露出，且中间出现比重高低起伏的媒体露出模式。

44. 媒体波段：广告在媒体中露出从开始延续到结束，且其间不曾出现明显间隔的完整露出时间。

45. 媒体空档：广告波段之间出现的明显没有广告露出的时间。

46. 百分点收视成本：在电波媒体中，每百分点收视（听）所需支付金额，在计算上以单价除以收视（听）。

47. 千人成本：媒体载具每接触 1 000 人所需支付金额，在计算上以媒体单价除以接触人口，再乘以 1 000。

48. 涵盖率：在确定的诉求对象阶层中，可以暴露于一个媒体类型或载具的人数占阶层总人数的比例。

49. 隔日记忆调查：播出一档广告，然后在隔日追踪调查消费者对广告信息接收状况的广告效果调查方式，用以测试创意表现对主要信息传达的准确度，藉以修正创意表现。DAR 的调查结果也可以通过与看过该节目和看过该广告的人口数量的对比，检视节目收视与广告收视的落差。

50. 直播卫星：相对于传统的微波（Micro Wave）传送信号方式，直播卫星从地面发射信号传到卫星，再通过卫星涵盖将信号再传送回地面，然后由地面以碟形天线接收。

51. 日记法：以问卷留置方式，选定样本户留置问卷，记录家庭内成员收视节目及时间，然后在固定时间回收，再输入电脑，统计出各阶层的收视率、到达率及接触频次。

52. 个人收视记录器：电子自动收视记录器，置于样本户中，记录器上每一位成员有代表自己的按键，成员以按键方式记录自己的收视情况，由电脑以连线方式在深夜收集资料，隔日提供用户使用。

53. 被动式记录器：将样本户家庭成员的面貌扫描至记忆器中，当成员出现在电视机前时，记录器即自动记录下其收视情况，资料回收后提供客户使用。

54. 暴露：指消费者面对的一个或数个媒体载具。

55. 总接触人次：一个媒体执行方案运用的所有媒体载具所接触的人次的总和。总接触人次以重复计量方式得出，即一个消费者接触 3 次或 3 个消费者各接触 1 次皆登记为 3 人次。

56. 效率：指广告在媒体上每单位的投资所获致的接触人口。

57. 效果：指媒体在投资上的花费对行销及传播目标的达成状况。

58. 高品质电视：一种新的电视播映系统，提供较现行系统更高的扫描线及更逼真的画面。

59. 整合传播：运用各式传播工具，如广告、直接行销、促销活动及公关等，以任务分工方式集体达成传播目标的产品信息传播运用方式。

60. 收视率/收视点：收看某电视节目的个人或家庭点总人口或家庭数的比率。计算方式为收看该电视节目的人数或家庭数除以总人口数或总家庭数。

61. 家庭收视率：以家庭为计算单位的节目收视率。

62. 个人收视率：以个人为单位的节目收视率。

63. 对象阶层收视率：对象阶层中收看某节目的人口占对象阶层总人口的比例。

64. 总收视点：媒体传送量的计量单位之一，为在一定期间内所有投放档次收视率的总和或到达率乘以平均接触频率。

65. 到达率：暴露于一个媒体执行方案的人口或家庭占总人口或家庭的百分比，为非重复性计算数值，即在特定期间内暴露一次或以上的人口或家庭占总数的比率。在期间的定义上一般为四周。有时也称"非重复到达率"或"净到达率"。

66. 对象阶层到达率：在特定期间内暴露于一个媒体执行方案的对象阶层人口占总人口数的百分比。为非重复性计算数值。

67. 有效达到率：在有效频率以上的到达率。如有效频率的定义为 3 次，则 3 次以上（含 3 次）的到达率即为有效到达率。

68. 平均接触频度：暴露于一个媒体执行方案的人口中，每人平均的接触次数，通常指的是在特定期间（即四周）的计量数值。

69. 有效接触频率：消费者对广告信息接触次数累积到可以充分记忆广告信息的接触频次。

70. 接触频率分布：指暴露于某一媒体执行方案的消费者在接触频次上的比率分布。

71. 市场占有率：品牌在特定市场中的销售额或销售量占品类整体的销售额或销售量的比率。

72. 心理占有率：品牌在消费者心中占有的分量占品类整体所占有的分量的比率。品牌的心理占有率通常为市场占有率的前兆。

73. 视听众占有率：电波媒体中，不同载具在同时段的视听众占所有视听众的比率。

74. 媒体比重占有率：指各品牌的媒体露出量占有品类总体媒体露出量的比率。计算单位通常为 GRP 或 Impression。

75. 媒体投资占有率：指各品牌的媒体投资量占品类媒体投资总量的比率。计算单位通常为金额。

76. 最高记忆品牌：消费者记忆的品牌中，印象最深刻的品牌。

77. 媒体比重：指一个媒体执行方案对设定消费者所传送的媒体量，通常指的是 GRP、Reach 与 Frequency。

78. 媒体类别：媒体分类的第一层级，是以媒体传播形式划分的较大分类，一般将媒体分为电视、广播、报纸、杂志、户外及新兴的网络媒体等。

79. 媒体载具：指媒体类别下再细分的个别承载信息的具体媒体，如电视媒体类别下的某个节目，报纸媒体类别下的某份报纸等。

80. 媒体单元：在媒体类别中实际使用的创意尺寸或长度，如电视广告的 30 秒或 15 秒，报纸广告的全版或半版等。

81. 监看：媒体执行当中，由非买方或卖方对媒体进行露出情况查证与记录。

82. 普及率：在行销上指使用本商品的消费者占所有消费者的比率，在媒体上则指消费者对各媒体类别可接触比率。

83. 套装贩卖：指媒体单元将数种媒体载具以组合方式加以包装并整体出售的贩卖方式。

84. 预购系统：一种媒体购买系统。将媒体价格分为数级，广告档次/版位的取得依价位级数以及订位的先后次序确认，即同级价格中，以先后方式确认档次/版位，出价高的广告主则可优先取得广告位置。

85. 主时段：电视播出时段中的收视尖峰时段，通常为 18：30~21：30 之间。

86. 数量折扣：媒体单元根据广告主或代理商的购买数量提供的价格优惠。

87. 价格职权障：媒体单元在取得广告主或代理商在投放数量上的承诺或现金付款后所提供的不受涨价影响的保证。

88. 浮动版位：印刷媒体中，广告以不固定版位的方式刊载，广告主可以取得较低价格，媒体单元则获得版位编排弹性。

89. 浮动档次：电波媒体中，广告在时段限制内（主时段或深夜时段等）以不固定位置的方式播出。

90. 路障：固定在某种时段将广告投放于所有频道上，以在短时间内达到高到达率的一种媒体投放战术。

91. 分版刊载：印刷媒体在广告刊载上，以地区或不同的统计层面区分成不同的版本，以针对各品牌的行销地区或设定对象进行诉求。

92. 节目赞助：广告主选择适当的节目长期赞助该节目播出的露出方式。广告主提供长期广告，并获致节目前后（中）的赞助厂商辨识标版及带有赞助厂商名称的节目预告档次。对媒体而言，节目赞助可以获得长期营运收入，对广告主而言，则可以使品牌与节目获得形象上的联结。

93. 独家赞助：节目由一家厂商或品牌单独赞助。

94. 联合赞助：节目由多家厂商或品牌联合赞助。

95. 冠名权利：广告主对所赞助的节目拥有的冠以品牌或厂商名字的权利，如ABC 影院、××剧场等。

96. 转台/跳过：指观众在电视收视行为中，以遥控器转换收视频道或跳过某段落，以避开广告段落的行为。

# 附录二　十大产品媒体广告投放调查

## 十大产品小类
### 电视台及报纸广告总投放

| 序　号 | 类　别 | 投放费用（万元） |
| --- | --- | --- |
| 1 | 洗发水 | 881 |
| 2 | 滋补药 | 769 |
| 3 | 花　园 | 767 |
| 4 | 影碟机 | 650 |
| 5 | 中国白酒 | 636 |
| 6 | 护肤品 | 594 |
| 7 | 空调机 | 543 |
| 8 | 洗衣粉 | 520 |
| 9 | 啤　酒 | 464 |
| 10 | 牙　膏 | 440 |

## 十大产品（国内）
### 电视台及报纸广告投放

| 序　号 | 类　别 | 投放费用（万元） |
| --- | --- | --- |
| 1 | 娃哈哈 AD 钙奶 | 132 |
| 2 | 旭日升冰茶 | 118 |
| 3 | 中国电信 | 115 |
| 4 | 娃哈哈纯净水 | 90 |
| 5 | 喜之郎果冻布丁 | 73 |
| 6 | 乐百氏 AD 钙奶 | 68 |
| 7 | 养生堂朵尔胶囊 | 66 |

续表

| 序　号 | 类　别 | 投放费用（万元） |
|---|---|---|
| 8 | 步步高 VCD | 62 |
| 9 | 纳爱斯珍珠营养香皂 | 61 |
| 10 | 格力空调机 | 58 |

## 十大产品（外资）
### 电视台及报纸广告投放

| 序　号 | 类　别 | 投放费用（万元） |
|---|---|---|
| 1 | 英特尔处理器 | 73 |
| 2 | 英特尔奔腾Ⅱ处理器 | 79 |
| 3 | 伊卡璐草木精华洗发水 | 76 |
| 4 | 美孚机油 | 69 |
| 5 | 杜邦集团 | 63 |
| 6 | 戴比尔斯女性钻饰 | 62.9 |
| 7 | 香港电讯公司 | 61.3 |
| 8 | 戴比尔斯结婚钻戒 | 61 |
| 9 | 惠氏健儿乐奶粉 | 60.5 |
| 10 | IBM 电子商务公司 | 59.9 |

## 十大产品（合资）
### 电视台及报纸广告投放

| 序　号 | 类　别 | 投放费用（万元） |
|---|---|---|
| 1 | 潘婷营养洗发露 | 83 |
| 2 | 舒肤佳香皂 | 79 |
| 3 | 佳洁士牙膏 | 76 |
| 4 | 奥妮皂角洗发浸膏 | 72 |
| 5 | 可口可乐 | 69 |
| 6 | 诺基亚无线电话 | 68.6 |
| 7 | 飘柔深层滋润 2 合 1 | 63 |
| 8 | 百事可乐 | 62 |
| 9 | 万利达 VCD 影碟机 | 61.65 |
| 10 | 麦当劳快餐店 | 61.57 |

### 十大产品（国内）
#### 电视广告投放

| 序　号 | 类　别 | 投放费用（万元） |
|---|---|---|
| 1 | 娃哈哈 AD 钙奶 | 129 |
| 2 | 旭日升冰茶 | 115 |
| 3 | 娃哈哈纯净水 | 60 |
| 4 | 喜之郎果冻布丁 | 72 |
| 5 | 乐百氏 AD 钙奶 | 67 |
| 6 | 纳爱斯珍珠营养香皂 | 60 |
| 7 | 养生堂朵尔胶囊 | 54 |
| 8 | 步步高 VCD | 53 |
| 9 | 黛丝营养洗发露 | 49 |
| 10 | 乐百氏 AD 钙奶健康快车 | 48.5 |

### 十大产品（国内）
#### 报纸广告投放

| 序　号 | 类　别 | 投放费用（万元） |
|---|---|---|
| 1 | 中国人民银行 | 35 |
| 2 | 金杯海狮系列客车 | 22 |
| 3 | 容声冰箱 | 18 |
| 4 | 奇声 3.0VCD 家庭影院 | 17 |
| 5 | 海尔冰箱 | 16 |
| 6 | 联通 130 电话网 | 15 |
| 7 | 中国工商银行 | 13.69 |
| 8 | 长甲百消丹 | 13.62 |
| 9 | 中国建设银行 | 12 |
| 10 | 爱多 VCD 影碟机 | 11.9 |

### 十大产品（外资）
#### 电视广告投放

| 序　号 | 类　别 | 投放费用（万元） |
|---|---|---|
| 1 | 英特尔处理器 | 41 |
| 2 | 伊卡璐草本精华洗发水 | 32 |

续表

| 序　号 | 类　别 | 投放费用（万元） |
|---|---|---|
| 3 | 美孚机油 | 22 |
| 4 | 英特尔奔腾Ⅱ处理器 | 20 |
| 5 | 杜邦集团 | 14 |
| 6 | 香港电讯公司 | 13.9 |
| 7 | 戴比尔斯女性钻饰 | 13.6 |
| 8 | 戴比尔斯结婚钻戒 | 12.54 |
| 9 | 惠氏健儿乐奶粉 | 12.5 |
| 10 | 汇丰银行 | 11 |

### 十大产品（合资）
### 电视广告投放

| 序　号 | 类　别 | 投放费用（万元） |
|---|---|---|
| 1 | 潘婷营养洗发露 | 83 |
| 2 | 舒肤佳香皂 | 79 |
| 3 | 佳洁士牙膏 | 76 |
| 4 | 奥妮皂角洗发浸膏 | 69 |
| 5 | 飘柔深层滋润2合1 | 63 |
| 6 | 诺基亚无线电话 | 62.9 |
| 7 | 可口可乐 | 61.3 |
| 8 | 沙宣美发用品 | 61 |
| 9 | 百事可乐 | 60.5 |
| 10 | 麦当劳快餐店 | 59.9 |

### 十大产品（外资）
### 报纸广告投资

| 序　号 | 类　别 | 投放费用（万元） |
|---|---|---|
| 1 | 英特尔处理器 | 33 |
| 2 | 英特尔奔腾Ⅱ处理器 | 25 |
| 3 | 康柏电脑公司 | 11 |

续表

| 序　号 | 类　别 | 投放费用（万元） |
| --- | --- | --- |
| 4 | 福特汽车 | 10.8 |
| 5 | IBM 电脑公司 | 10 |
| 6 | IBM APTIVA 多媒体电脑 | 62.9 |
| 7 | IBM 电子商务公司 | 6.5 |
| 8 | 富豪奶粉 | 5.8 |
| 9 | IBM ThinkPad 笔记本电脑 | 5.5 |
| 10 | 瑞士雷达表 | 5.3 |

### 十大产品（合资）
### 报纸广告投放

| 序　号 | 类　别 | 投放费用（万元） |
| --- | --- | --- |
| 1 | 诺基亚中文手机 | 37 |
| 2 | 摩托罗拉掌中宝移动电话 | 22 |
| 3 | 诺基亚百变通移动电话 | 20 |
| 4 | 爱立信移动电话 | 18 |
| 5 | 飞利浦 GENIE 中文数码手机 | 16 |
| 6 | LG 空调机 | 13 |
| 7 | 松下迷你星空调机 | 12 |
| 8 | NEC VERSA 笔记本电脑系列车 | 11 |
| 9 | 奥迪轿车 | 10 |
| 10 | 东芝电视机 | 9 |

### 十大产品小类
### 报纸广告投放

| 序　号 | 类　别 | 投放费用（万元） |
| --- | --- | --- |
| 1 | 花园 | 637 |
| 2 | 电脑 | 306 |
| 3 | 空调机 | 250 |
| 4 | 移动电话 | 186 |

续表

| 序　号 | 类　别 | 投放费用（万元） |
|:---:|:---:|:---:|
| 5 | 滋补药 | 166 |
| 6 | 购物商场 | 156 |
| 7 | 电视机 | 146 |
| 8 | 镭射机 | 143 |
| 9 | 大厦 | 142 |
| 10 | 通讯网络 | 141 |

备注：

1. 以上数据来源于全国 230 个电视频道和 200 份报纸，广告费用根据各电视台和报社收费标准，不含折扣。

2. 单位：人民币百万元。

3. 时间：1998 年 1~9 月。

4. 以上数据由 X&L 广东康赛市场服务有限公司提供。

# 附录三 1998 年合资广告公司营业情况统计

**1998 年合资广告公司营业情况统计**

|  | 单位名称 | 企业性质 | 1998 年广告营业额（万元） | 1998 年上交税金（万元） | 1998 年广告业务净利润（万元） |
|---|---|---|---|---|---|
| 1 | 盛世长城国际广告有限公司 | 合资 | 167 329 | 1 874 | 348 |
| 2 | 麦肯·光明广告有限公司 | 合资 | 110 261 | 2 103 | 2 814 |
| 3 | 智威汤逊—中乔广告有限公司 | 合资 | 64 646 | 950 | −9 |
| 4 | 上海奥美广告有限公司 | 合资 | 60 460 | 1 925 | 1 105 |
| 5 | 精信广告有限公司 | 合资 | 55 011 |  |  |
| 6 | 长城国际广告有限公司 | 合资 | 48 085 | 343 | −3 |
| 7 | 上海灵狮广告公司 | 合资 | 40 190 | 934 | 28 |
| 8 | 北京电通广告有限公司 | 合资 | 38 304 | 548 | −733 |
| 9 | 美格广告公司 | 合资 | 23 500 | 328 | −1 066 |
| 10 | 天联广告有限公司 | 合资 | 15 046 | 246 | 1 967 |

（中国广告协会会员部提供资料）

**1998 年本土广告公司营业情况统计**

|  | 单位名称 | 企业性质 | 1998 年广告营业额（万元） | 1998 年上交税金（万元） | 1998 年广告业务净利润（万元） |
|---|---|---|---|---|---|
| 1 | 中国广告联合总公司 | 国有 | 42 825 | 429 | 176 |
| 2 | 广东省广告公司 | 国有 | 42 000 | 622 | 512 |
| 3 | 上海广告有限公司 | 国有 | 40 120 | 275 | 318 |
| 4 | 北京未来广告公司 | 集体 | 29 773 | 1 183 | 1 321 |
| 5 | 山东宏智广告有限公司 | 民营 | 20 173 | 1 109 | 17 320 |

续表

| | 单位名称 | 企业性质 | 1998 年广告营业额（万元） | 1998 年上交税金（万元） | 1998 年广告业务净利润（万元） |
|---|---|---|---|---|---|
| 6 | 北京国安广告总公司 | 集体 | 18 000 | 148 | |
| 7 | 上海新民广告公司 | 国有 | 17 788 | 398 | 682 |
| 8 | 中国国际广告公司 | 国有 | 16 000 | 77 | 525 |
| 9 | 北京广告公司 | 国有 | 16 000 | 120 | 155 |
| 10 | 上海美术设计公司 | 国有 | 15 358 | 296 | 613 |

（中国广告协会会员部提供资料）

# 主要参考书目

1. 马丁·戴维斯著，王知一译：《广告媒体应用手册》，台湾远流出版社，1994 年版。

2. 陈佼良著：《广告媒体研究》，中国物价出版社，1997 年版。

3. 刘永炬、陈相君著：《媒体组合》，企业管理出版社，1999 年版。

4. 周亦龙著：《媒体的做点》，企业管理出版社，1999 年版。

5. 樊志育著：《广告学原理》，上海人民出版社，1995 年版。

6. 陈宝琼主编：《广告学》，武汉大学出版社，1995 年版。

7. 王忠诚编著：《广告媒体应用》，中国财政经济出版社，1998 年版。

8. 余明阳、陈先红主编：《广告学》，安徽人民出版社，1997 年版。

9. 张金海著：《广告经营学》，武汉大学出版社，1996 年版。

10. 丁俊杰著：《现代广告活动理论与操作》，中国三峡出版社，1996 年版。

11. 陈云岗著：《品牌批评》，广州出版社，2000 年版。

12. 颜伯勤著：《成功广告 80 例》，中国友谊出版公司，1993 年版。

13. ［美］吉·苏尔马尼克著：《广告媒体研究》，中国友谊出版公司，1993 年版。

14. ［美］珍曼丝、肯罗曼著：《贩卖创意》，内蒙古人民出版社，1998 年版。

15. 奥美公司著：《奥美的观点》，内蒙古人民出版社，1998 年版。